南方传媒研究
NANFANG MEDIA RESEARCH

南方报业传媒集团 南方传媒学院 [主编]

吴 焰 全媒体时代，党报评论如何存在？

在权威上提高时效、在准确中创新表达、在观点里融入情感、在渠道上开疆拓土，可以事半功倍地激活党报评论的传播力、影响力。

038

徐 园 媒体内部创新孵化的冷思考

创新孵化成功与否，不是评判成了多少个项目，而是创新孵化是否成为一个媒体机构真正成长的“驱动力”，孵化出它下一个三至五年的爆发性业务。在这个层面上，我们依然有很多未解决的问题或者说挑战。

073

王雅铄 范以锦 创业：既要有“互联网+”，也要有“传统项目-”

所谓“传统项目-”，应包括两方面：一是去掉没有发展前景的传统项目；二是去掉名为新媒体实为在传统思维指导下无发展前景的项目。传媒集团应在基于大数据确立的新媒体战略布局基础上，主动“瘦身卸包袱”，基于大数据进行用户细分，立足新闻价值本位，提供针对化垂直服务，实现传统媒体的价值回归。

088

南方日报出版社
NANFANG DAILY PRESS
·广州·

图书在版编目（CIP）数据

南方传媒研究·第五十七辑：党报评论/南方报业传媒集团 南方传媒学院主编. —广州：南方日报出版社，2015.12

ISBN 978-7-5491-0979-1

Ⅰ.①南… Ⅱ.①南… ②南… Ⅲ.① 传播媒介－中国－文集 ②中国共产党－党报－新闻工作－文集 Ⅳ.① G219.2-53

中国版本图书馆 CIP 数据核字（2016）第 010046 号

南方传媒研究

第五十七辑：党报评论

南方报业传媒集团 南方传媒学院 主编

出版发行 南方日报出版社
地 址 广州市广州大道中 289 号
电 话 （020）83000502
经 销 全国新华书店
印 刷 广州市怡升印刷有限公司
开 本 787mm×1092mm 1/16
印 张 11.5 彩插 0.5
字 数 250 千字
版 次 2015 年 12 月第 1 版
印 次 2015 年 12 月第 1 次印刷
定 价 28.00 元

投稿电话：020-83003364 83004106
网址：http://www.nfmedia.com/cmzj

目录Contents

NO.57

026

走出“一冲锋就能解决”的认识误区

靠什么拥抱中国电影“黄金时代”

共同打好雾霾治理攻坚战

补上城市安全的突出短板

工人“诗经”呼唤社会“朗诵”

038

传媒动态006

转型探索017

本期焦点「党报评论」035

传媒热点「内部创业」071

“习马会”报道 113

传媒与法 125

庭荣视界 136

记者讲述 143

21世纪经济报道
四大自贸区即将挂牌：共性与个性
上市公司审计攻防战
亚投行的第二步棋
第六届创业板发审委委员候任或披露
瓜达尔港已具备运营能力
“酒往巴塞之路”：32个发达国家提交气候贡献
酷需佣金时代：酒店预订转战大数据平台
康特德东部市场城市重生的一抹微光

081

03 要闻
聚焦“习马会”
翻开两岸关系历史性的一页
张志军：“习马会”有六点重要意义
继续推动和平发展 两岸合作将有更多可能
跨越66年的握手
两岸领导人 历史担当有目共睹
逾600名记者聚集狮城

115

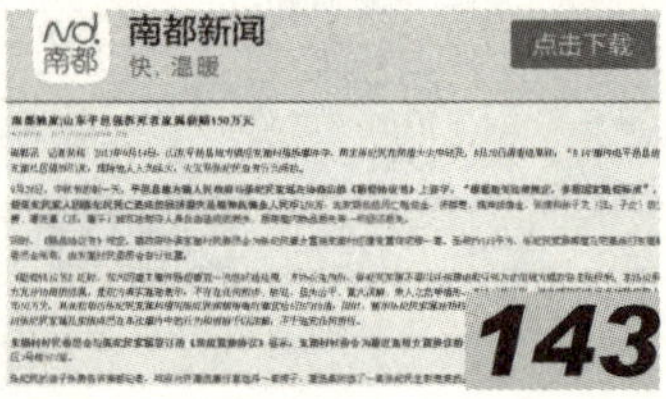
南都新闻
快，温暖
点击下载

143

地　　址　广州市广州大道中289号

电　　话　020-83003364　87363753

传　　真　020-83004106

邮政编码　510601

电子邮箱　nfcmyj@vip.163.com

nfcmyj@163.com

网　　址

http://www.nfmedia.com/cmzj

“新媒体是一定要做的。但别指望新媒体拯救纸媒。拯救纸媒，只能靠以企养媒，以媒壮企。新媒体是纸媒进一步扩大影响力的一杆好枪，但如果不会操作，人枪不能合一，新媒体也不过是根烧火棍罢了。”

——河南商报总编辑关国锋在接受中国报协网采访时认为，都市报人的思维需要更新，要适应市场和用户需求，才能实现人枪合一的状态，从而避免新媒体成为手中的鸡肋。

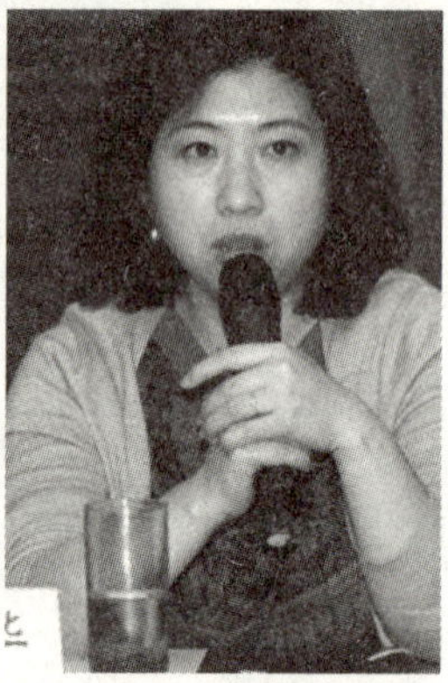

“好的采访应该是‘你大我就大，你小我就小’，用平视的视角去采访。对弱势不匍匐，对强势也不仰视。”

——中青报冰点周刊副主编从玉华在清华大学新闻与传播学院“深度报道”课程上分享人物写作的技巧，她认为采访的姿态只有一种，就是平等。

“当我们探求未来媒体是什么样子时，首先应该放空自己，不要局限于现在的行业和业务。我们应该去看趋势，看我们行业之外的科技领域正在发生什么变化。因为给我们带来颠覆性变化的往往不是我们自己，而是来自外部。”

——新浪网副总裁、新浪新闻总编辑周晓鹏认为，未来的媒体一定是技术驱动、产品驱动的。未来的科技公司也许不会成为媒体，但未来的媒体一定要成为有科技含量的公司。

“媒体融合，成败与否，可以有一个基本标准：效率是否提升，成本是否下降。这一条，只有技术可以做到，任何其他的手段都不行。”

——11月19日，东方网总裁、总编辑徐世平出席《网络传播》杂志主办的“网络传播沙龙”并发言，他认为媒体转型必须适应移动互联网的发展趋势，强调技术驱动，提升效率，降低成本，“人海战术”肯定不是出路。

“我们究竟需要什么样的人才？专业人才也好，新媒体人才也好，经营人才也好，我们还是觉得，最重要的是他首先能够理解我们这个媒体是做什么的、我们的特长在哪。”

——11月19日，首届媒体总编与新闻学院院长高层论坛于清华大学召开。北京日报社副总编初小玲就未来新闻人才的培养提出了自己的看法和期望。

“目前记者的职业面临挑战，门槛好像变低了，人人都能当记者。但另一方面，门槛也在提升，做记者更难了，专业的操守、专业的分析、快速的反应、深度观察的能力、对事件整合的平衡力等等，这些功夫越来越难。”

——在中国传媒大学举行的一个公益论坛上，北京大学中文系教授张颐武认为，初心不改，为受众提供优质内容和深入分析才是职业记者所为。

“传播的核心是什么呢？传播的核心恰恰就是讲故事，把你想要传达的东西让人自发地、入心入脑入耳地吸取并信服。还有比这力量更大的么？”

——11月17日，央视名嘴白岩松作客“部校共建”马克思主义新闻观大讲堂，与在座师生们聊起了媒体人如何讲故事。

“机器人在可预见的将来都无法取代高级记者。但它的出现和发展的确可以给新闻工作者带来更多思考，作为互补、辅助，可以使媒体运转得更好。”

——IBM创新工程院前院长毛新生在日前接受《中国新闻出版广电报》采访时认为，机器人记者的出现，凸显了具有更高智能的人的价值，真正的专业记者，应该从事更专业化的工作，生成更高品质的内容。

陈杰

11月11日，央视公布了今年提名"CCTV2015年度法治人物"的20组候选人名单。孤身潜入腾格里沙漠腹地、揭开沙漠污染真相的新京报记者陈杰，以及三赴腾格里沙漠落实证据的中国生物多样性与绿色发展基金会成员，因对腾格里沙漠生态环境的关注，用实际行动推动着中国法制进程，获得提名并被称为"腾格里沙漠守护者"。破获全国涉案人数最多"地下钱庄"案的浙江警察张辉、推动"呼格吉勒图案"再审的新华社记者汤计、顶住压力纠正错案的河北检察官彭少勇等也进入候选人名单。

朱穆之

原中央顾问委员会委员、国务院新闻办公室原主任朱穆之，因病医治无效，于2015年10月23日在北京逝世，享年99岁。

苏志武

11月24日，教育部党组研究决定，对中国传媒大学党委书记陈文申、校长苏志武等8名党员领导干部违反中央八项规定精神问题进行通报，按照程序分别给予纪律处分和组织处理。苏志武因违规超标用车、办公用房严重超标等问题被给予行政记过处分，免去校长职务。

董路

在11月4日凌晨进行的欧冠比赛中，皇马主场1比0战胜巴黎圣日耳曼。乐视体育频道解说员董路在解说比赛过程中睡着并发出呼噜声，被该网站暂时停止解说工作，事后他在微博上诚恳道歉。

王健林

因微信公众号“顶尖企业家思维”冒用其个人名义发表文章炮轰淘宝及电商，11月16日，大连万达集团董事长王健林以姓名权、肖像权、名誉权受侵害为由，将该公众号所有者北京韩商互联贸易有限公司诉至北京朝阳法院，要求删除侵权文章、公开道歉并索赔经济损失1000余万元。

方静

11月18日，央视原主持人方静因癌症医治无效去世，年仅44岁。方静23岁即成为央视《中国新闻》栏目主播，曾先后担任《东方时空》《焦点访谈》《国际观察》等名牌栏目主持人。

赵忠祥

11月13日，国家工商总局公布了12起典型违法广告案，通报了某些利用名人进行营销的虚假广告，赵忠祥、侯耀华、李金斗等人涉案被点名。

李春良

11月30日，北京广播电视台宣布了一项重要人事任命：北京电视台现任台长赵多佳退休。李春良任中共北京广播电视台党委书记、台长，兼北京电视台台长。

图说

2015 传媒集团融合传播榜出炉

表 1. 传媒集团融合传播排行榜

排名	集团	融合力				传播力				融合传播指数
		终端数量	终端质量	多样性	融合力	覆盖指数	浏览指数	互动指数	传播力	
1	人民日报社	19.8	10.0	8.8	38.7	20.0	20.0	20.0	60.0	98.7
2	新华通讯社	20.0	9.5	9.1	38.6	19.9	19.2	19.4	58.5	97.1
3	浙江日报报业集团	19.7	9.0	10.0	38.7	18.7	18.2	17.5	54.5	93.1
4	南方报业传媒集团	19.3	8.7	7.8	35.8	19.1	18.8	18.4	56.4	92.1
5	上海报业集团	18.3	8.8	8.2	35.3	18.7	18.4	17.0	54.1	89.3
6	新华报业传媒集团	19.2	8.2	8.3	35.7	17.3	16.5	14.7	48.5	84.2
7	陕西华商传媒集团	18.4	7.8	7.2	33.4	17.4	16.4	16.1	50.0	83.4
8	成都传媒集团	17.6	7.3	5.3	30.2	17.6	16.9	17.0	51.5	81.7
9	山东大众报业集团	19.0	7.8	4.8	31.5	17.8	16.5	14.9	49.1	80.6
10	中国新闻社	15.2	6.6	6.2	28.0	17.2	16.9	15.5	49.7	77.6

由人民网舆情监测室和中国社会科学院新媒体研究中心合作研发的《2015 传媒集团融合传播排行榜》11 月 25 日揭晓。

该榜单在统计了全国 78 家中央新闻单位与地方传媒集团下属的近 1000 家报纸、杂志、网站、出版社、子公司所开设的 5000 余个“两微一端”出口的基础上，通过传播力与融合力两项指标评估了 2015 年度各传媒集团融合传播的能力。人民日报社、新华通讯社、浙江日报报业集团、南方报业传媒集团、上海报业集团列“传媒集团融合传播排行榜”前五名，人民日报、环球时报、新京报列“传媒集团下属报纸融合传播排行榜”前三甲；中国新闻周刊、南都周刊、瞭望列“传媒集团下属杂志融合传播排行榜”前三甲。

数字

20.8 万人

持证记者达 20.8 万人

据新华社 11 月 8 日报道，截至目前，全国共有 208126 名记者持有有效的新闻记者证。按媒体类别划分，报纸记者 82198 人、期刊记者 5411 人、通讯社记者 2599 人、电台电视台（含新闻电影制片厂）记者 116735 人、新闻网站记者 1183 人。

7 年

网上发假消息最高判 7 年

11 月 1 日起，《刑法修正案（九）》正式施行。其中第 291 条增加一款规定：编造虚假的险情、疫情、灾情、警情，在信息网络或者其他媒体上传播，或者明知是上述虚假信息，故意在信息网络或其他媒体上传播，严重扰乱社会秩序的，处 3 年以下有期徒刑、拘役或者管制；造成严重后果的，处 3 年以上 7 年以下有期徒刑。

16 名

16 名新闻工作者获援助

据新华网 11 月 9 日报道，中国记协近日正式启动中国新闻工作者援助项目，1 家中央主要新闻单位、2 家全国性行业报、7 省区市 9 家新闻单位的 16 名新闻工作者获得援助。这是中国记协连续两年对履行新闻职责殉职或伤残的新闻工作者进行援助。

1 亿

微博日活跃用户过亿

11 月 19 日，微博公布了截至 2015 年 9 月 30 日的第三季度财报。2015 年 9 月的日均活跃用户数（DAU）为 1 亿，较上年同期增长 30%，达到一个新的里程碑。第三季度微博净营收 1.247 亿美元，较上年同期增长 48%。

100 万元

新京报诉“一点资讯”非法转载索赔百万

新京报下属派博在线科技有限责任公司起诉北京一点网聚科技有限公司，认为后者侵害其作品信息网络传播权，索赔经济损失及合理支出共计 100 万元。11 月 4 日，北京东城区法院受理该案。 此次，派博在线共提交了 50 篇“一点资讯”侵权的原创报道和文章，时间自 2015 年 8 月 13 日至 9 月 22 日。

1000 万元

阿里巴巴起诉两家微信公众号

11 月 25 日，阿里巴巴集团向上海市青浦区人民法院和上海市宝山区人民法院分别提起诉讼，起诉今晚报社、福建省益红大白毫茶叶有限公司“在新媒体刊登不实内容的行为”，要求对方停止侵权、赔礼道歉，并分别索赔人民币 1000 万元。法院目前对两起案件均已立案。

7.25 亿美元

默多克 7.25 亿美元收购美国《国家地理》

美国《国家地理》杂志近日被传媒巨鳄默多克以 7.25 亿美元（约合 46.2 亿元人民币）收购。《国家地理》旗下的杂志、网站等一系列媒体资产均将被转移到一个新公司旗下，默多克家族旗下 21 世纪福克斯将拥有该公司 73% 的股份，而原本的老东家、非营利性质的国家地理学会则占有剩下的 27% 的股份。

294 件

第 25 届中国新闻奖评选揭晓

第二十五届中国新闻奖评选 11 月 2 日揭晓。来自全国报社、通讯社、电台、电视台和新闻网站的 294 件作品获中国新闻奖，其中特别奖 4 件，一等奖 47 件（含 10 个新闻名专栏），二等奖 91 件，三等奖 152 件。

数字

594 人获发首批新闻网站记者证

11 月 6 日，国家互联网信息办公室、国家新闻出版广电总局在北京联合举行首批新闻网站记者证发证仪式，为人民网、新华网、光明网等 14 家中央主要新闻网站 594 名记者发放新闻记者证。

广东启动媒体影响力评价体系建设

广东省新闻出版广电局 11 月 10 日召开专题会议，正式启动广东媒体影响力评价指标体系建设工作。广东媒体影响力评价指标体系建设将建立起报刊出版活动全流程的质量与效果评价指标体系，对报纸期刊的基础建设条件、环境资源条件、出版能力、经营能力、舆论引导力和受众影响力等进行综合评价，客观公正地反映报刊的“媒体影响力”。

“上游新闻”手机客户端上线

11 月 18 日，由重庆日报报业集团着力打造的移动新闻客户端“上游新闻”上线。这款移动新闻产品依托《重庆晨报》的优势采编力量，将为用户提供时政、财经深度报道，跟踪解剖社会热点，还将围绕用户的生活需求提供多样化的生活资讯。

“交汇点”新闻客户端上线

11 月 17 日，“交汇点”新闻客户端在江苏互联网大会上正式上线。由新华报业传媒集团主办的“交汇点”，聚合了集团旗下《新华日报》《扬子晚报》《江苏法制报》《江苏经济报》《南京晨报》《江南时报》等纸媒和中国江苏网的人马，立志打造成“具有全国影响力的江苏移动媒体第一品牌”。

澳记者涉嫌改图 退出新闻奖评选

澳大利亚新闻摄影最高荣誉“沃克利奖”于12月3日公布年度摄影记者得主。入围最后三强之一的《先驱太阳报》摄影记者凯尔德因为被揭发其中一幅作品经过改图而主动退选。这次图片显示小猩猩Kimye趴在一只大猩猩身上，凯尔德用“复制”的技术，将原照片中的一条稻草删掉。

《太阳报》网站取消收费墙

英国第一大小报《太阳报》宣布，从11月30日开始，太阳报网站取消收费墙，网民可以随意免费阅读。《太阳报》为了和“邮报在线”(《每日邮报》的网站)等竞争对手重新争夺网络广告市场，被迫取消了为期两年的收费实验。

搜狐视频状告暴风科技侵权胜诉

据腾讯网11月3日报道，北京知识产权法院对搜狐视频诉北京暴风科技股份有限公司侵犯其《搜狐视频娱乐播报》著作权纠纷一案，做出终审判决，认定暴风网构成侵权，承担民事赔偿责任。这是法院首次认定娱乐新闻作品应受法律保护，认为对在播放娱乐新闻影像、图片、画面特效的同时，配合旁白、字幕、音效制作而完成的作品，具有较高的独创性，属于类似摄制电影的方法创作的作品，应受法律保护。

第二届世界互联网大会发布《乌镇倡议》

12月18日16时，第二届世界互联网大会闭幕新闻发布会在乌镇举行。国家互联网信息办公室副主任任贤良在会上表示，经大会高级别专家咨询委员会提议，发表了《乌镇倡议》。本届大会到场嘉宾有2000多名，俄罗斯总理梅德韦杰夫等8个国外领导人及近50位外国部长级官员与会。习近平亲临大会，并在开幕式上发表主旨演讲。

新华社启用“机器人记者”

11月7日，新华社正式推出机器人写稿项目。目前机器人“快笔小新”供职于新华社体育部、经济信息部和中国证券报，可以写体育赛事中英文稿件和财经信息稿件。新华社机器人发稿系统从研发到系统上线，用了约半年时间。机器人写稿流程分数据采集、数据加工、自动写稿、编辑签发四个环节。技术上通过根据各业务板块的需求定制发稿模板、数据自动抓取和稿件生成、各业务部门建稿编审签发“三步走”来实现。

Facebook 发布新闻应用 Notify

11月11日，Facebook宣布推出iOS新闻应用Notify，帮助用户获得内容制作者的推送通知。该服务启动之初的合作伙伴超过70家，其中包括CNN、The Weather Channel、彭博社等。通过Notify，用户可以订阅媒体编辑推荐的每日要闻，并在手机锁屏状态下，通过推送通知获取、分享最新信息。

纽约时报推出虚拟现实 APP

11月6日，《纽约时报》推出了名叫 NYT VR 的虚拟现实APP。该应用首次登台就为用户带来了两部特色电影。其中一部名为 *The Displaced* 的讲述了三个小孩卷入世界难民危机而流离失所的故事。*The Displaced* 运用了深度报道的技巧，用户通过虚拟现实眼镜观看这场电影，能够体验到亲临战火现场的感觉，亲身经历灾难下民众的恐慌情绪以及周围的环境。

突破新媒体盈利的“怪圈”

长期以来，依靠免费模式获得流量，进而吸引广告商这种看似由传统媒体验证过的模式，最终都很难支撑一个新媒体项目的全部。在版权保护缺位的现实状况下，目前新媒体平台上的很多文章都是采用复制的方式发布，同质化严重，原创性不足成为新媒体最致命的问题，而部分以第一手新闻，深层次挖掘著称的新媒体却由于长期大量的资本投入而步履维艰，在“转载”面前，新闻记者也沦为内容生产的“矿工”，常常为他人做嫁衣。这是行业痛点，也是矛盾现实。

打破目前的新媒体盈利“怪圈”，重建新媒体的运营生态成为需要新媒体运营者们重新思考的问题。新媒体实现盈利，首先是要解决人的问题，目前新媒体市场中的从业人员存在结构断层，现在具有采编权的几家网媒均有“国家队”背景，传统基因与行业惯性使得这些网媒在新外壳下依然维持旧思维，管理运营模式单一。这需要传统媒体在新媒体转型过程中，不但要实现内容上的“弯道超车”，还要在运营上放弃后座驾驶的“影武者”角色，吸引外部互联网运营人才，实现基因置换，思维重塑。

（2015年11月26日《人民日报海外版》）

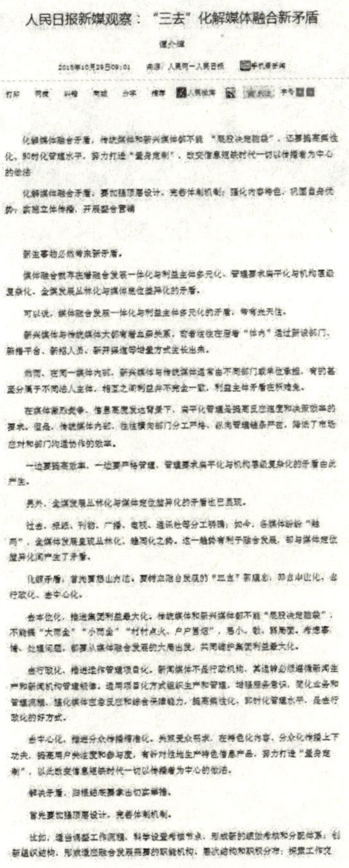
人民日报新媒观察：“三去”化解媒体融合新矛盾

2015年10月29日09:01 来源：人民网－人民日报

化解媒体融合矛盾，传统媒体和新兴媒体都不能“屁股决定脑袋”，还要提高柔性化、即时化管理水平，努力打造“量身定制”，改变信息短缺时代一切以传播者为中心的做法

化解媒体融合矛盾，要加强顶层设计，完善体制机制；强化内容特色，巩固自身优势；实施立体传播，开展整合营销

新生事物必然带来新矛盾。

媒体融合就存在着融合发展一体化与利益主体多元化、管理要求扁平化与机构层级复杂化、全媒发展丛林化与媒体定位差异化的矛盾。

可以说，媒体融合发展一体化与利益主体多元化的矛盾，带有先天性。

新兴媒体与传统媒体大都有着血亲关系，前者往往在后者“体内”通过新设部门、新搭平台、新招人员、新开频道等增量方式生长出来。

然而，在同一媒体内部，新兴媒体与传统媒体通常由不同部门或单位承担，有的甚至分属于不同法人主体，相互之间利益并不完全一致，利益主体矛盾在所难免。

在媒体激烈竞争、信息高度发达背景下，扁平化管理是提高反应速度和决策效率的要求。但是，传统媒体内部，往往横向部门分工严格、纵向管理链条严密，降低了市场应对和部门沟通协作的效率。

一边要提高效率，一边要严格管理，管理要求扁平化与机构层级复杂化的矛盾由此产生。

另外，全媒发展丛林化与媒体定位差异化的矛盾也已显现。

过去，报纸、刊物、广播、电视、通讯社等分工明确；如今，各媒体纷纷“触网”，全媒体发展呈现丛林化、趋同化之势。这一趋势有利于融合发展，却与媒体定位差异化间产生了矛盾。

化解矛盾，首先要找出办法，要树立融合发展的“三去”新理念，即去本位化、去行政化、去中心化。

去本位化，推进集团利益最大化。传统媒体和新兴媒体都不能“屁股决定脑袋”，不能搞“大而全”“小而全”“村村点火、户户冒烟”，忌小、散、弱局面。考虑事情、处理问题，都要从媒体融合发展的大局出发，共同维护集团利益最大化。

去行政化，推进运作管理项目化。新闻媒体不是行政机构，其运转必须遵循新闻生产和新闻机构管理规律。运用项目化方式组织生产和管理，增强服务意识，简化业务和管理流程，强化媒体应急反应和综合保障能力，提高柔性化、即时化管理水平，是去行政化的好方式。

去中心化，推进分众传播精准化。关照受众需求，在特色化内容、分众化传播上下功夫，提高用户关注度和参与度，有针对性地生产特色信息产品，努力打造“量身定制”，以此改变信息短缺时代一切以传播者为中心的做法。

解决矛盾，归根结底要拿出切实举措。

首先要加强顶层设计，完善体制机制。

比如，适当调整工作流程，科学设置考核节点，形成新的绩效考核和分配体系；创新组织结构，形成适应融合发展需要的职能机构、层次结构和职权分布；探索工作交

“三去”化解媒体融合新矛盾

去本位化，推进集团利益最大化。传统媒体和新兴媒体都不能“屁股决定脑袋”，不能搞“大而全”“小而全”“村村点火、户户冒烟”，忌小、散、弱局面。考虑事情、处理问题，都要从媒体融合发展的大局出发，共同维护集团利益最大化。

去行政化，推进运作管理项目化。新闻媒体不是行政机构，其运转必须遵循新闻生产和新闻机构管理规律。运用项目化方式组织生产和管理，增强服务意识，简化业务和管理流程，强化媒体应急反应和综合保障能力，提高柔性化、即时化管理水平，是去行政化的好方式。

去中心化，推进分众传播精准化。关照受众需求，在特色化内容、分众化传播上下功夫，提高用户关注度和参与度，有针对性地生产特色信息产品，努力打造“量身定制”，以此改变信息短缺时代一切以传播者为中心的做法。

（2015年10月29日《人民日报》）

《南方日报》四作品获中国新闻奖

11 月 2 日，第二十五届中国新闻奖评选揭晓。来自全国报社、通讯社、电台、电视台和新闻网站的 294 件作品获中国新闻奖。《南方日报》共有 4 件作品获奖。其中，《领导过问案件“打招呼”先登记》《再寻沉默的道钉》荣获二等奖；《工商登记排长龙　持续半年未解决》《毛主席警卫员回乡当起“牛司令”》荣获三等奖。

150年后，再寻沉默的道钉
——写在华工参建美国中央太平洋铁路150年之际

21 世纪经济研究院宣告成立

11 月 28 日，21 世纪智库——21 世纪经济研究院正式成立。作为国内领先的专业财经媒体，南方报业传媒集团旗下《21 世纪经济报道》拥有十余年专业财经媒体的累积，具备打造专业化高端智库的天然基因。

作为独立、专业、开放的新型智库，21 世纪经济研究院将以最敏锐的新闻视角，通过一线调研、大数据分析等方式，提供一流的研究产品、调研报告以及高层次的研讨活动。

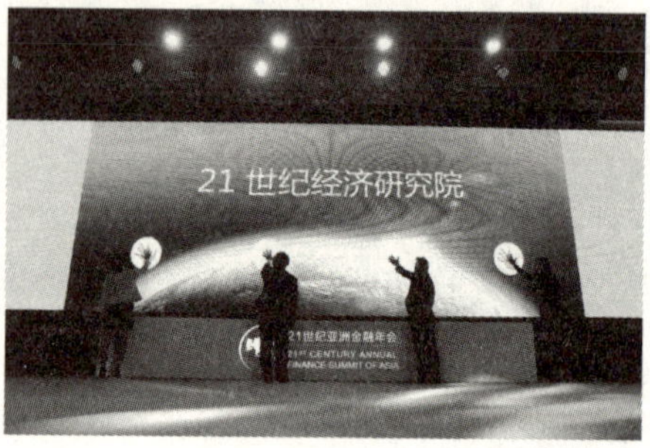

曹斯入选“广东省十佳女新闻工作者”

11 月 12 日，广东省妇联、省新闻工作者协会和省女记者协会举行“妇女儿童工作好新闻”和“十佳女新闻工作者”表彰会，表彰南方日报记者曹斯等广东省“十佳女新闻工作者”，以及广东“妇女儿童工作好新闻”一等奖作品 20 件、二等奖作品 32 件、三等奖作品 54 件。《南方日报》共有 7 篇作品入选。

转型探索

转型探索

开发移动端拳头产品 为用户创造更多价值

南方+：做媒体传播与服务的超越者

□姚燕永 袁丁

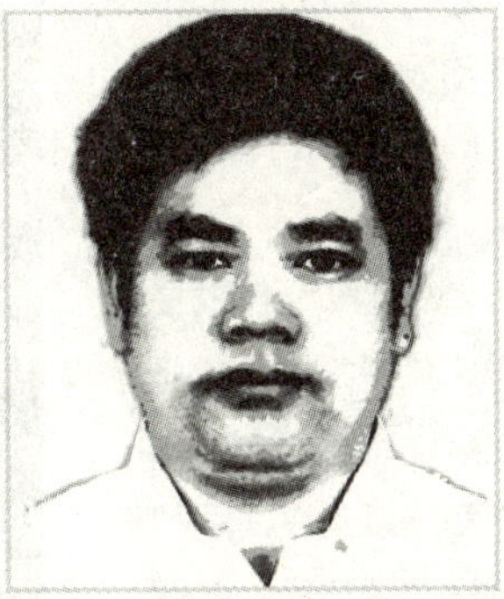

姚燕永

2015年10月23日，在庆祝南方日报创刊66周年之际，由党报——南方日报、党刊——南方杂志、党网——南方网联袂推出南方+客户端，坚定地以新技术、新用户、新思维融入媒体新业态，形成“一报一刊一网一端”的现代党媒立体传播格局。这是南方报业传媒集团践行“深耕主业、多元开拓、加快转型、融合发展”战略的又一重大选择和行动，其目标是打造一个在全国具有较强影响力的新媒体标杆性项目和拳头产品。

作为广东省委省政府权威信息发布平台和集团官方客户端，南方+将与南方日报等一起，承担起传播主流价值、引导主流舆论的历史责任，通过移动数字媒体更有效地服务工作大局，为“四个全面”战略部署的实施和为广东早日实现“三个定位、两个率先”的目标贡献力量。通过南方+，南方报业正在铺就“新闻+社交+服务+产业+N”的传播链与服务链，实现从党报集团向现代信息产业的跨界突破。

为南方移动媒体集群打造一只“领头雁”

近年来，南方报业传媒集团紧紧围绕建成拥有强大实力和传播力、公信力、影响力的新型传媒文化集团的目标，通过深化改革，创新发展，拓展广东舆论宣传主阵地，打造现代文化产业新引擎，争当媒体融合发展排头兵。

随着4G通信技术的普及和无线网络的广泛覆盖，移动终端正加速替代PC电脑，成为用户接入互联网的主要渠道。全球最大的社会化媒体专业传播公司We Are Social今年发布的《2015年全球数字、社交和移动调查报告》显示，在6.89亿中国互联网用户中，使用移动设备接入互联网的用户已经达到5.94亿，比重占到89%；其中，社交媒体用户达到了5.74亿。

面对移动互联网正逐渐成长为舆论传播主阵地之一的发展趋势，南方报业传媒集团近年来通过多种方式，着力开拓移动媒体市场。作为集团的旗舰媒体，南方日报已先后建设运营了手机报、官方微博、微信公众号等移动端产品。集团旗下的南方都市报、南方周末、21世纪经济报道等品牌媒体也相继开发了移动客户端。

但南方报业也敏锐地意识到，在移动端还缺乏一个能代表集团最高水平的拳头产品。经过认真调研与反复酝酿，集团党委在今年4月作出决策，通过整合集团优质资源，开发建设一个具有强大舆论引导力、市场竞争力、开放聚合力的创新性移动数字产品——南方+客户端。南方报业将举全集团之力，把南方+客户端打造成为服务省委省政府中心工作、传播主流价值、传递社情民意、服务社会大众的移动互联网主阵地；与此同时，南方报业也将以南方+客户端为龙头，加快建设南都“并读”APP、南方周末APP、21世纪APP等新闻客户端，以及房地产、汽车、文化娱乐等垂直领域客户端和微博、微信集群，形成强大的南方移动媒体集群，从而推动集团由单一内容制造商向集成服务商的转变。

今年5月，南方报业正式专门成立客户端筹备工作领导小组，加快推进客户端开发建设工作。经过对集团自身使命、发展态势、资源

一图读懂|中国“最强大脑”分布地图，带你走进“两院”

南方+ 2015-12-09 17:44

“院士俱乐部”又扩容了——12月7日，中国工程院和中国科学院分别公布新增选院士70名和61名。

每两年两院院士就要扩充一次，今年是两院首次按照新规则增选。堪称“中国最强大脑”的院士，这么blingbling的头衔，谁能戴得上？

有数君为院士们做了下群像特征分析，顿时觉得打出的字都智慧满满呢。有数君也发现，自古江浙多俊杰这句话真没错，还有，“最强大脑们”大部分都在北京吸着霾……

优势以及用户需求的梳理与分析，南方报业将南方+的定位确定为广东省委省政府权威信息发布平台、南方报业传媒集团官方客户端。它不是简单的“南方+移动互联网”，也不是新闻从纸上向手持媒体终端的线性转移；而是要通过“新闻+社交+服务+产业+N”的有机融合，建成立足华南、面向全国乃至全球的主流移动传播服务平台，为用户创造更多价值。

经过5个月的紧张研发，南方+在2015年9月23日推出了内测版本，并于同年10月23日正式上线运营。

实现传播与服务的五个超越

南方+的“+”，代表的是南方报业对过往辉煌成就的传承与超越。通过独特的功能设计与科学的运营策略，南方+客户端正在实现五个方面的超越。

首先是对新闻传播方式的超越。在平媒时代，媒体呈现周期传播特点。而南方+则通过流程再造，依托南方报业2000多名专业采编人员全天候、全时段生产原创报道，通过手机终端滚动发布，实现了从周期传播到即时传播的超越。在快速反应的同时，南方+依然保持着南方报业权威报道的优良传统，通过“粤政一周”“防腐前沿”“自贸区”等特色频道建设，致力于第一时间传播广东官方动态，深度解析广东改革探索，讲好广东故事。

由此，我们实现了即时播报与权威发布的无缝链接。

其次是新闻呈现形式的超越。平面媒体侧重于文图表达，而南方+则力图让新闻资讯向数据分析和可视化呈现方向转变。

比如南方+专门设立了“图说新政”版块，对新闻报道中的资讯和数据进行重新整理，并以图形化的方式呈现，易于用户阅读和接受。通过与广电媒体的合作，南方+还引入视频新闻，用户不但可以读新闻，还可以听新闻、看新闻。

同时，南方+也兼顾南方日报、南方杂志、南方网传统用户的习惯。通过设立南方日报数字报、南方杂志数字版以及南方网首页入口，让用户很方便地在南方+查阅到报刊网的版面与内容。

由此，我们实现了传统媒体和新媒体的深度融合。

“+”，还体现在资讯分发能力上的超越。平媒需要用户自己去版面上寻找感兴趣的内容，而南方+则通过技术手段实现了精准服务。除了浏览大众化的新闻主频道外，用户可以自由添加十多个分众化、垂直化的订阅频道，还可以对频道进行排序。在城市新闻领域，南方+依托LBS技术实现了区域化呈现，用户身处广东的哪个城市，客户端就显示哪个城市的新闻。通过国内首创的“定制”功能，用户还可以在南方+提前预订自己感兴趣的新闻资讯。

由此，我们实现了大众传播与精准推送的相辅相成。

“+”，也体现在新闻生产能力上的超越。南方+充分鼓励用户主动参与新闻生产。通过“讨论”和“追问”功能，用户可以对报道各抒己见、提出疑问，和南方报业共同挖掘新闻背后的故事；在用户直播模块，南方+实现了“人人是记者”，用户可以把拍摄的图片和视频上传到客户端，把自己捕捉到的现场新闻在微信、微博等社交工具上广泛分享；在微论坛模块，用户可以直抒胸臆，针砭时弊，为广东发展建言献策，网络民意也借助这一平台而直达高层。

由此，我们打通了机构生产能力与用户群

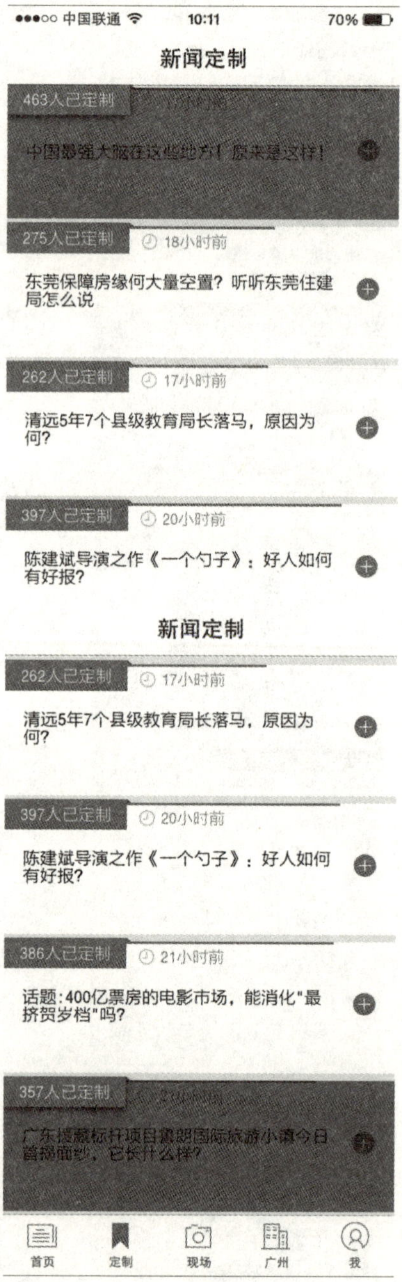

生产能力。

“+”，更重要的是体现了用户服务能力的超越。除了新闻服务之外，南方＋还依托与广东省及各地党政机关的长期合作关系，通过嫁接省、各地市网上办事大厅，接入公安、民政、工商、医疗、税务、公积金中心等部门政务服务项目等多种方式，为用户提供周到细致的政务服务；为满足用户日常生活需求，南方＋在城市频道和生活频道也开拓、连接了系列生活服务项目，包括美食、旅游、出行等。目前，南方＋已成功接入10个政府单位的22项政务服务，以及美团网的四项生活服务功能，覆盖全省21个地级市。

由此，我们正在推动南方报业从单一内容服务向全方位多元化服务转变，从而为用户创造更多价值。

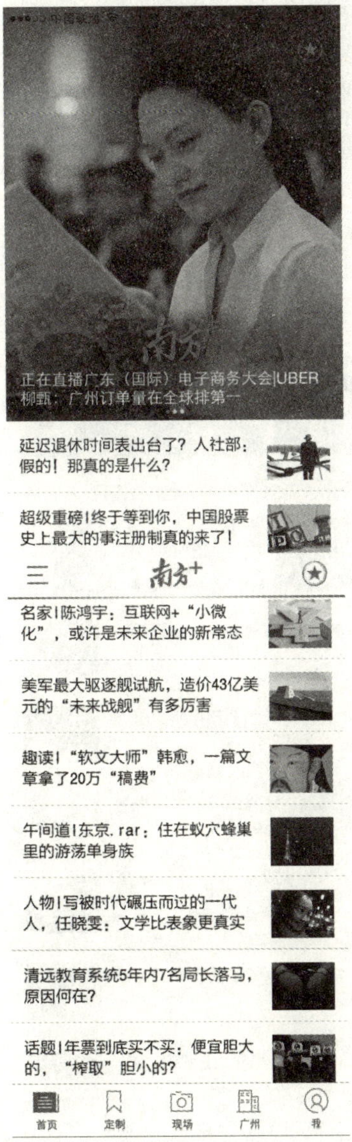

以用户为中心持续推进迭代开发

南方＋甫一上线，立刻引发各界高度关注，赢得了诸多传媒大咖的“点赞”。不少业界人士都表示，期待南方＋为国内主流媒体融合发展探索新路。

人民日报媒体技术股份有限公司总经理叶蓁蓁是南方＋第一批体验者，他盛赞“看到一个值得学习、值得去聆听的新产品出现了”。叶蓁蓁说，媒体融合要与用户建立起有价值的强关系，南方＋打造政府服务、生活服务、定制服务等功能，在顶层设计上呈现出不一样的特点。

新华社新媒文化传播公司党组成员、总经理李俊说，南方＋背后的思维方式、战略布局和当前移动优先、媒体融合的格局密切相连。

上海报业集团党委副书记、总经理、副社长高韵斐发现，南方＋把服务与信息结合起来，“做得非常好”，用互联网思维嫁接政府公共服务，前景广阔。

面对移动客户端的市场红海，南方＋如何健康成长？在接下来的运营过程中，南方＋一方面要致力于高品质新闻报道的生产与传播，做好主题宣传，在移动端进一步巩固与增强党媒的传播力、公信力、影响力，从而助推南方报业更好地履行党报集团的使命职责、提高舆论引导能力；另一方面将秉持以用户为中心的理念，不断搜集用户意见，调研用户需求，根据主流用户的需求变化和移动互联网的技术发展，对产品进行修改完善，持续迭代。

总体而言，南方＋下一阶段的开发规划，将重点围绕以下四个层面展开。

其一是通过新闻表现形式的改造拓展内容平台。在强化音频、视频等多种新闻呈现形式的基础上，为适应即将到来的可穿戴设备潮流，客户端计划在后续发展中与相关移动终端厂商洽谈合作，开发适应可穿戴设备的新闻形态。同时充分发掘集团内外的内容资源，在客户端上搭建南方报业专业媒体订阅平台和自媒体订阅平台。

其二是通过用户参与功能的完善建设社交平台。南方＋计划进一步完善并扩展新闻“定制”“现场”等用户参与的功能模块，支持并引导用户参与新闻资讯、专业知识以至兴趣话题的生产、发布与分享的全流程，以此为节点形成社交关系与圈层，从而强化用户粘性。

其三是通过更多垂直项目的引入升级服务平台。南方＋将面向核心用户以及不同圈层，进一步开发具有地域性的垂直化服务产品，比如水电煤气费缴纳、健康咨询、职称培训、亲子教育、地产、汽车等类型的服务产品。

其四是通过用户积累和行为分析构建大数据平台。南方＋将根据前期掌握的用户资料和行为记录，为用户构建画像，掌握用户的阅读偏好、娱乐偏好、生活习惯、购物需求乃至职业、行政级别，以此为基础提升用户体验，

实现精准营销。

当然，随着新技术新应用的发展，南方＋还将根据用户需求开发更多新的产品，在逐步扩大市场份额的同时，力争早日成为广大用户喜用、必用的先进移动互联网媒体。

（作者姚燕永系南方报业传媒集团管委会委员、编委会委员、南方＋客户端 CEO；袁丁系南方＋客户端首席产品官）

艺术就是生活

——289 艺术园区建设初步思考

□ 289 艺术园区项目运营团队

289 艺术园区项目，是南方报业领导预见到传统媒体新闻 - 广告模式难以持续走强的情势下谋求转型发展做出的重大决策。作为集团转型三大工程之一，289 艺术园区希望通过为集团建构新的服务能力，进军文化产业，成为集团转型的一个关键性突破口、示范性工程，成为集团层面各项转型工作开展的推动力，进而增强党报集团实力，成为中国平面媒体转型实践的典范。

289 艺术园区项目团队，在无成功经验可以借鉴的情况下，充分研究国内外文化园区的运营模式，通过引进深圳第一商务集团，不断探索，寻找到的根本定位是：拥有优秀文化内容生产和传播能力的文化艺术资源整合运营商，在“艺术就是生活”的理念下，以 289 玩艺网为线上平台，以 289 艺术 PARK 为线下平台，同时包括 289 艺术风尚全媒体杂志、289 影像、289 艺术空间、289 画廊、岭南活力非遗艺术馆等板块，形成 O2O 线上线下一体化协同发展的集群运营模式。

顺势而为

1. 顺应国家和广东省产业政策

国家在战略层面出台宏观政策支持文化产业，如成立国家艺术基金，推出促进艺术、设计与相关制造业结合的文件。广东省出台《广东省建设文化强省规划纲要（2011—2020年）》《关于金融支持文化产业振兴和发展繁荣的指导意见》《广东推进艺术、设计与相关制造业结合的行动计划书》等政策性文件指导文化产业的发展。289艺术园区项目，属于国家推动、广东省重点发展的产业项目，顺应产业政策和服务于发展规划目标，借大势快速发展。

2. 生活需要艺术

中国文化艺术消费从小众走向大众，人民需要艺术；中国产业转型升级需要以文化创意为核心推动力；中国城市扩容提质，城市文化形象提升和公共空间建设也需要艺术。北京、上海、深圳、广州四个中国一线城市，唯独广州缺乏有影响力的艺术园区；社会层面如火如荼的创客运动，已经到来的万众创新、大众创业时代，需要一个新型的城市创意能量场，以289艺术园区为代表的“文创＋艺术”众创空间正逢其时。

3. 南方报业品牌和文化艺术资源优势

南方报业品牌的公信力和对社会资源、政府资源、企业资源等吸聚力，以及南方报业通过对艺术文化领域的报道，建立起的行业话语权和人脉资源，通过广告经营、活动营销等方式耕耘市场所拥有的客户资源，都为南方报业进入艺术文化领域奠定了良好的基础。

精益前行

一年多以来，在无成功经验可以借鉴的情况下，团队苦苦探索，积极前行，在考察研究了媒体同行的文创项目、国内艺术园区等后，充分结合南方报业自身的基础和优势，希望找到一条适合南方报业的路子。

在探索中，我们也遇到不少实际问题，特别是文化国企的机制体制创新突破存在瓶颈。如何建立适应产业发展、市场竞争、业务拓展、团队激励的混合所有制现代企业，寻求有效的发展盈利模式，不确定性很多。由于“文创＋艺术”行业是一个正在兴起的行业，大家都在摸索中前进，没有成熟的人才可以引进，如何短期内在现有体制机制下打造国内首支能提供艺术传播、艺术地产、艺术电商、艺术策划、艺术展览、艺术创作、艺术拍卖、艺术投资的艺术资源整合运营跨界团队？如何短期内在现有体制机制下形成足够的服务能力？在无成功经验可以借鉴的情况下，运营团队能否短期内快速形成289艺术园区项目的盈利模式？

经过一年多的时间，通过试错和不断总结，我们逐步形成了目前阶段的发展思路：

1. 项目整体定位

考虑到南方报业传媒集团的媒体内容专业生产、传播和营销优势，以及沉淀的文化艺术资源优势，我们将289艺术园区定位为中国拥有优秀文化内容生产和传播能力的文化艺术资源整合运营商。确立这个定位后，不是所有跟文化艺术相关的业务我们都去涉及，而是有所为和有所不为：

一是有所为：充分发挥南方报业的品牌优势和这么多年在文化艺术行业积累的资源和传播能力，重点盘活文化艺术传播能力和资源。

二是有所不为：纯艺术产业。289艺术园区的核心价值观“艺术就是生活”，意思是说艺术生活化、生活艺术化，艺术是生活的宗旨，是一种生活方式，艺术是为满足生活的需要，为生活

罗斯洛克南方美术馆创建

2014-10-29 作者：罗斯洛克南方美术馆 来源：罗斯洛克南方美术馆

罗斯洛克南方美术馆（SRAM），由南方报业传媒集团与美国洛克菲勒家族在华文化机构——罗斯洛克文化艺术集团联合创建，也是美国洛克菲勒家族在亚洲参与创建的首家美术馆。

SRAM
羅斯洛克南方美術館
Southern RoseRock Art Museum

罗斯洛克南方美术馆（SRAM），由南方报业传媒集团与美国洛克菲勒家族在华文化机构——罗斯洛克文化艺术集团联合创建，也是美国洛克菲勒家族在亚洲参与创建的首家美术馆。

SRAM倡导"创造、发掘、交流、提升"的宗旨，将聚集中国以及国际当代艺术，典藏传统与现代艺术作品，旨在推动亚洲艺术的发展，促进东西方艺术文化互动，连通亚洲与国际前沿艺术市场，打造亚洲顶尖艺术中心，并成为具有全球影响力的美术馆。

洛克菲勒家族拥有雄厚的国际艺术资源和丰富的艺术品运作经验，加上南方报业传媒集团强大的传媒资源支持，将助力罗斯洛克南方美术馆发掘、收藏、推广国内最有潜力的当代艺术家和艺术作品，促进国内外艺术家、艺术机构、艺术活动之间的良性互动，探索当代艺术发展的最大可能性，成为中国与国际现当代艺术发展积极的参与者与推动者。

美术馆位于广州市广州大道中289号南方报业传媒集团大院内，前身为南方报业印刷厂，地理位置毗邻珠江新城CBD地带，与星海音乐厅、广东美术馆、广州大剧院、广东省博物馆新馆、广州图书馆新馆和广州电视塔形成文化艺术中轴线。

而艺术，即不为脱离生活脱离用户的高高在上的纯艺术产业。从目前发展阶段而言，289艺术园区以艺术定调、文创定位，“艺术”更多是289的一种精神气质、标签和格调，需要选择“文创”这个核心行业撑起艺术生活的大旗，产业发展着眼点目前阶段不在于艺术产业。原因如下：在现实的运作中，艺术园区都经历了由艺术定义到文创定位、由文创养艺的转变过程。以画廊业为代表的中国艺术市场，一直以低利润的运作方式勉强维持。如果艺术区的产业依托是以画廊业、艺术商业机构为主，艺术市场的繁荣与衰败必将影响艺术区的产业发展。近几年，国内发展相对健康成熟的一些艺术区，在经历市场的大起大落之后，逐渐发展成为以文化艺术园区为定位，集民营美术馆、艺术机构、画廊等文化机构，文化公司、设计公司等“泛文化机构”，以及餐饮、娱乐等经营性单位为一体的创意产业园区。支撑产业运转的不是艺术产业，真正给艺术区带来盈利支撑的是“泛文化机构”即跟文化艺术、创意有关联，但盈利模式比较成型的公司和企业。艺术园区的文化定位与经济运营这两个属性，共存共荣，只有商业为艺术让渡一定的利益，为它的发展提供空间与支持，艺术才能够以其独有的文化力量，滋养整个艺术区的生长。

2. 项目运营核心思路

以品牌吸聚产业：项目聚焦“文创+艺术”产业，以原有的南方报业媒体品牌，以及逐渐成型的289艺术品牌为核心，通过“南方·289艺术”|多媒体+互联网+

科技＋创投＋孵化的连接，从而吸聚更多的产业、项目、资金，构成“泛文化”产业链、“泛艺术”生态圈。

以合作拓展空间：采取一种开放、协同共享式的艺术乐高积木模式，在289拼出核心积木“媒体＋品牌＋艺术营销策划＋园区综合运营能力”的基础上，对于289自身不具备资金、资源和经验、能力，但在泛文化艺术产业具有重要社会品牌位置和长远商业价值的项目、产业、领域，通过合组公司、项目合作、合伙人等方式，拓展南方报业传媒集团原先单一的传统平面媒体业务形态，抢占有利位置，快速、低成本地实施集团“多元开拓”战略。

以资源置换股权：集团通过289项目，成功吸引到第一商务不低于1.2亿元的现金出资运营，这是集团品牌和团队智力、物业资源得到市场检验估值认定的一次价值最大化的变现。在不出一分现金的情况下，投入未来5年刊例价2.5亿元的媒体资源，将物业基本租金以上的可能收益也作为合作的投入，获得整体项目51%的股权。以这种资源置换股权的方式，实现集团报纸版面资本化，并实现提前估值、提前变现。同时，原物业资源经过重新包装定位后，商业价值显著提升，集团在保障基本租金收益的前提下，也能分享租金增值部分。事实证明，这是对集团资源快速激活、有效利用、合理增值并促进合作的扬长避短的捷径。在接下来289影像、289玩艺项目、非遗项目的文木公司等对外合作、引进资金资源中，都将以这一方式加快289业务的发展壮大。

以服务成就转型：289艺术园区把集团的媒体品牌、内容生产、传播能力、用户客户资源、文化艺术资源、物业资源转化为在文化艺术产业的新的服务能力、话语权和可观的效益，同时打造国内首支能提供艺术传播、艺术地产、艺术电

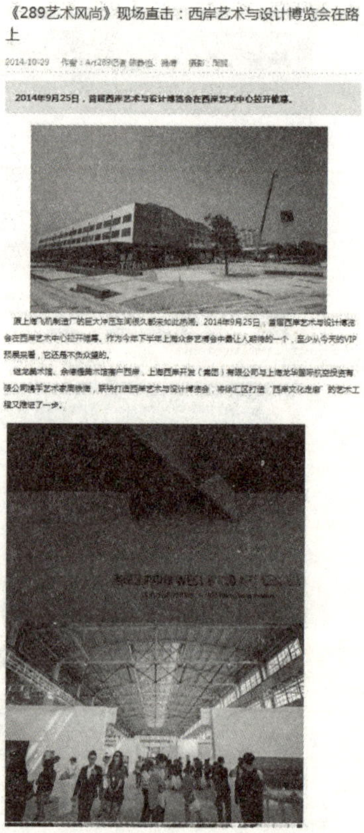
《289艺术风尚》现场直击：西岸艺术与设计博览会在路上

2014-10-29

2014年9月25日，首届西岸艺术与设计博览会在西岸艺术中心拉开帷幕。

原上海飞机制造厂的巨大冲压车间很久都未如此热闹。2014年9月25日，首届西岸艺术与设计博览会在西岸艺术中心拉开帷幕。作为今年下半年上海众多艺博会中最让人期待的一个，至少从今天的VIP预展来看，它还是不负众望的。

继龙美术馆、余德耀美术馆落户西岸，上海西岸开发（集团）有限公司与上海龙华国际航空投资有限公司携手艺术家周铁海，联袂打造西岸艺术与设计博览会，将徐汇区打造“西岸文化走廊”的艺术工程又推进了一步。

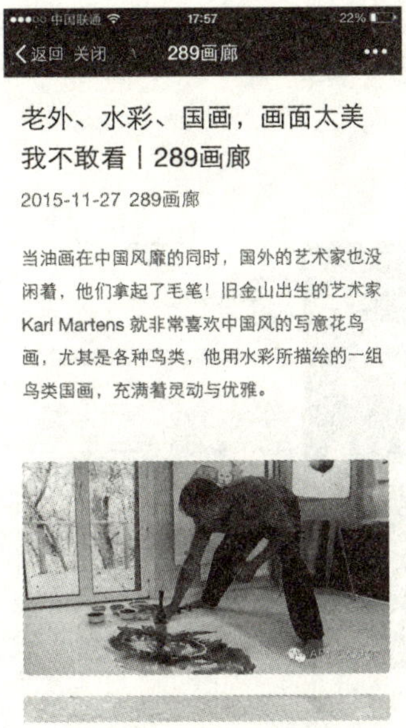

商、艺术策划、艺术展览、艺术创作、艺术拍卖、艺术投资的艺术资源整合运营跨界团队，真正为集团的转型起到示范、推动作用。如东莞水乡合作项目，既是289团队在整体服务能力，从原来的传统单一的媒体传播服务创新转变为全方位文化艺术资源整合服务的一个阶段成果，更是一次重要检测。

开花结果

在集团职能部门的指导和大力支持下，289艺术园区目前各项工作按计划迅速推进，不断接受市场检验、不断调整优化路径、不断获得资金和项目投入、不断有实际成果出来的可喜进步，在社会上和行业内的话语权开始强势建立。

中国人文艺术生态社群，289艺术PARK全新商业模式市场领先。289的目标是打造全国首个“城市文化艺术生活一站式体验中心”，致力于成为广州城市文化新地标。289的功能布局是以艺术消费、艺术展览、艺术交易、艺术酒店、艺术投资、创意办公、创业孵化为一体的跨界社区。园区建设稳步推进。9月15日，南方报业传媒集团地块控规调整通过由陈建华市长主持的广州市城市规划委员会评审。2015年3月开始，仅3个月园区第一期3000平方米招商就完成。入驻企业有文化创意、科技、互联网、电商、教育培训、孵化器等新兴产业机构50多家。2016年上半年各大孵化器项目入孵，预计可以达到150家文创、电商、互联网、科技类企业。第二期将打造“289互联网金融创新示范区”，集团于11月2日与广东省粤科金融集团有限公司签署战略合作协议，为了贯彻战略合作协议精神，289艺术园区将与粤科金融在发起成立文创基金、互联网金融孵化器、全链条孵化服务方面展开深度合作。

广东优秀文化集中展示中心、岭南活力非遗艺

术馆明年春节前后建成。计划建设广东非遗生产性保护的创作基地、展示基地、销售基地，培育广东非遗生产性保护强势品牌的孵化基地。目前场馆装修改造工程经过4个月的工作，已完成设计方案，建设施工招标已到省招标中心，拟于明年春节前后建成。

全案整合运营能力开始形成，艺术资源整合服务能力全面提升。289艺术内容生产、艺术传播营销策划、艺术PARK运营、艺术产业孵化投资等综合运营能力开始形成。目前，289已布局东莞水乡、陈村等多个复制点。经8个多月谈判，289将成为省委省政府重点项目东莞水乡510平方公里的文化运营服务提供者，首批合作项目有14个，包括水乡整体文化规划实施方案、289艺术PARK落户东莞等，合作体量巨大。中国花卉之都顺德陈村已与289达成战略合作，请289做城市运营顾问，双方拟共同成立旅游发展公司，打造陈村成为花卉旅游目的地，289艺术PARK将落户陈村。

289艺术空间，成为城市艺术生活展示体验中心。半年来举办高品质文化艺术活动42场，场地实际使用天数145天，使用率78%，收获部分艺术品实物，上半年实现现金收入近50万元。目前努力引入戏剧或艺术电影机构入驻289艺术空间，进行深度项目合作，下一步计划对空间二楼进行改造，使其成为可容纳300位观众，兼戏剧演出、电影放映等多功能的国

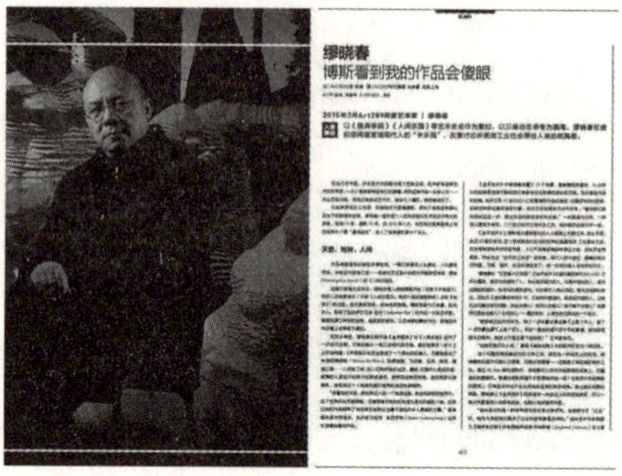
缪晓春
博斯看到我的作品会傻眼

际化演艺空间，以合作方式介入戏剧及电影艺术产业。深圳大观园红木家具有限公司将与 289 艺术空间达成战略合作，将艺术空间一楼改造为“木心生活艺术馆”，并深度参与到非遗馆、289 艺术 PARK 落户普宁等项目中。在南都楼 5—8 楼的招租上，成功引入天地家家装设计公司，既获得可观租金收益，又使园区引入了符合“艺术 + 生活”且能带来人气的商业模态。

杂志与全媒体运营多管齐下。“1+X”艺术报道机制：以《289 艺术风尚》杂志为龙头，借助集团“1+X”机制，以杂志统领集团各媒体文化艺术版面、受众资源，形成 289 艺术项目在艺术领域的传播力、话语权；艺术营销：289 艺术风尚全媒体聚焦中国当代艺术核心力量和新势力，更加关注广东优秀艺术，并以项目化或公司化的方式，来经营得奖艺术家，进而探索一条以经营艺术品为本位，以举办艺术活动、服务 289 艺术项目为两翼的路子；新媒体：289 将以协议购买价格打包集团部分新媒体整体运营，同时开拓外部文艺类新媒体，已成功与 40 家新媒体进行日常互推业务。

艺术电商初具规模。289 玩艺网，作为原创艺术生活用品社交电商平台，现已入驻设计师、艺术家、独立品牌 200 家，手艺体验师 60 家，产品近 3000 种。每月一次在淘宝办拍卖会，专场拍卖艺术家作品和藏品。线下举办“变相”艺术大展、手艺体验工坊等，参与度较高，反响较好。将与大粤网深度合作，不断吸引国内风投洽谈合作。

做最专业的当代艺术社交交易平台，289 画廊步入轨道。目前已收集名家作品 42 幅；已推出 289 画廊微信公众号；8 月上旬推出首展，并同步在杂志、微信公号传播销售；在杂志、微信公号开设纸上线上画廊，以换取艺术家作品或销售。拟联手《艺术风尚》杂志，与许钦松艺术基金合作，

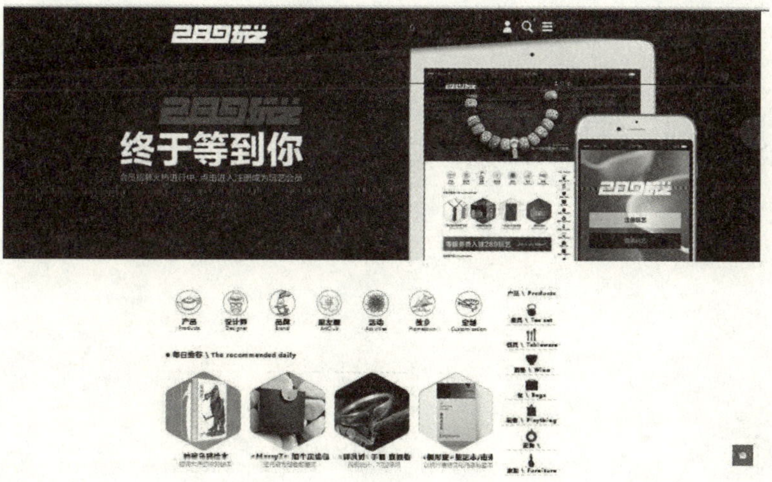

创设“许钦松山水画创作奖暨中国山水画双年展”。对方拿出价值八百万的许钦松作品，并引入资金 300 万元。

289 影像异军突起，成为影像艺术 020 项目运营机构。脱胎于肖像定制业务的 289 影像项目渐成气候，通过品牌战略奠定影响。开发摄影文化活动、商业广告拍摄、个人影像定制等产品线发展出商业模式，并成功吸引到投资创办 289 影像机构、运作摄影展等项目十余个，走出一条业务创新之路。

我们期待 289 艺术园区项目整体推进更好更快，使 289 艺术园区项目成为中国平面媒体转型实践的典范，实现南方报业新闻理想与产业抱负比翼齐飞的追求，服务于传统媒体在文化产业领域的转型升级发展，服务于广东省建设成为文化强省的规划目标。

本期焦点「党报评论」

本期焦点「党报评论」

编者按

“评论是报纸的灵魂和旗帜”，这话不仅媒体人耳熟能详，也为不少普通民众所认同。世事在变，这“灵魂”应蕴含怎样的思想，这“旗帜”该如何自信地高举，是党媒面临的现实课题。

策划“党报评论”这一专题，旨在交流经验、激发思维，因应移动互联网时代传播新格局，增强党报党刊评论的舆论引导力和传播效果，巩固和扩大主流媒体阵地。在“人人都有麦克风”的今天，网络空前地拓展了表达空间，手握“金话筒”的党报党刊只有摒弃盲目的优越感，充分发挥自身人才、技术优势和社会资源优势，与时俱进，运用切合时宜的话语方式和传播方式，主动及时地把事实摆明、将道理讲透，解读社会热点、回应百姓关切，方能疏导情绪、化解矛盾，真正而不是自诩地占据舆论高地。

漫画　曹一

全媒体时代，党报评论如何存在？

□吴焰

吴焰

探讨移动互联网时代的党报评论前，不妨先看两组数据。

第一组数据，6.68 亿：5.94 亿。据中国互联网络信息中心（CNNIC）最新发布，到 2015 年 6 月，中国网民规模为 6.68 亿，手机网民为 5.94 亿，占网民数量的 88.9%。

第二组数据，54.9%：3.8%。腾讯企鹅智酷和清华大学新媒体研究中心近日发布的《2015 新媒体发展趋势报告》称，在受访者中发现，获取新闻的主要渠道，54.9% 的人选择新闻客户端，仅 3.8% 的人选择纸媒。

两组数据，得以窥见党报的现实压力。手机已经成为获取信息的第一媒介，传统媒体如果只是据守自己的一亩三分地，所面临的，就不仅是“主流还是边缘”的问题，而是“生存还是死亡”的命运。

面对这样一个“全媒体时代”，党报评论还能不能站住脚跟？如何发挥舆论引导的中流砥柱作用？怎样提升党报评论的“言值”？这，既是传播方式的变革，更是思维理念的转变。

从我们的新闻实践看，有三个方面的意识需要强化。

强化效果意识，用好“金话筒”

近几年，从中央到地方的党报，加大了社论、本报评论员这类集体署名评论，加强了对重大部署、重要活动、重要精神的相关解读。以《人民日报》为例，2014 年仅刊发的署名“本报评论员”的文章，多达 313 篇。新华社、《南方日报》等央媒、党报，也频频发力，加大了重要评论的力度。

党报姓党，为党立言、为民鼓呼，乃其责任。而从另一角度观之，何尝不是“全媒体时代”党报评论的一种比较优势？

澎湃新闻客户端设有栏目“舆论场”，每天从包括传统媒体、自媒体里选用文章推送。笔者梳理了 2015 年 10 月 1 日至 11 月 15 日期间选用的文章发现，132 篇媒体文章中，130 篇为言论，而直接转自《人民日报》的，有 44 篇，且基本冠以“人民日报刊文评点”或者“党报评某某事件”的字样。舆论场上，这些标挂着“党报观点”的文章，经常被多次传播。

这一现象告诉我们，在今天的舆论场上，党报对重大问题的分析和判断，仍然是广大读者观察思考问题尤其是全局性战略性问题的参考标准和重要依据；党报对一些热点问题的表态与立场，仍然是广大读者面对公共事件时最想了解的重要内容。正如有学者指出的，在“人人都有麦克风”的当下，党报手中握有的，仍是一支“金话筒”。

手握“金话筒”，并不必然地会被人倾听甚至认同。对此，人民日报社社长杨振武有一个旗帜鲜明的观点——必须“用传播效果体现政治立场”。

人民日报　5 评论

走出“一冲锋就能解决”的认识误区

共同打好雾霾治理攻坚战

靠什么拥抱中国电影“黄金时代”

补上城市安全的突出短板

工人“诗经”呼唤社会“朗诵”

全媒体时代，受众的选择性、独立性、多变性、差异性日益增强。党报评论作为观点的传播，如果只是表态、宣示，就缺乏对话、引领的能力；如果只有立场没有效果，只讲原则不讲方式，声音传不出去、受众听不进去，那就只是自话自说、自娱自乐，搞不好，还会引发新的负面舆情。

刊登在 9月4日《人民日报》的评论《朝向未来的壮阔行进》，是一篇为配合“9·3大阅兵”活动而推出的集体署名评论。该文于 9月3日审定后，率先通过“人民日报评论”微信公众号连夜推出，标题改为：《大阅兵，如何定义这一场伟大的行进》，24小时之内，此文阅读量即达到 100000 +，创下了该公号自 2013年以来的最高阅读量。

这也启发我们：在权威上提高时效、在准确中创新表达、在观点里融入情感、在渠道上开疆拓土，可以事半功倍地激活党报评论的传播力、影响力。

大阅兵：如何定义这一场伟大的行进？

人民日报全媒体平台 何振华

2015年09月03日17:39 来源：人民网-时政频道 手机看新闻 字号

这一刻，江河澎湃激荡，山岳为之震颤；这一刻，承载多少记忆，凝聚多少期盼。

9月3日，世界把关注的目光投向北京。抗日战争胜利70周年，我们在天安门广场举行隆重的纪念大会。红旗招展，步履铿锵；铁流滚滚，雷击长空……历史潮流深沉，现实激越豪迈。70多年前那场旷日持久的血战，在亿万人民心中再次激起巨大回响。

“正义必胜！和平必胜！人民必胜！”习近平主席的坚定话语，是历史启示的伟大真理，更是迈向未来的豪迈宣示。70周年这样一个重要的时间节点，连接着昨天、今天、明天，我们回首历史，是为了心中的方向更加明确、脚下的步伐更加坚定，向一个更美好的未来壮阔行进。

这是一次捍卫历史的纪念。48辆礼宾摩托车护卫抗战老兵行进，这样的“有史以来最高规格”，表达着我们对为独立、为和平抛洒热血的英雄们无比的敬意。他们用鲜血和生命赢得的这一伟大胜利，捍卫了人类和平事业，必将永载史册。最初的抗争，最终的胜利，中国人民以巨大民族牺牲支撑起了世界反法西斯战争的东方主战场，为世界反法西斯战争胜利作出了重大贡献。70年过去了，我们举行隆重的纪念活动，再次唤起历史与记忆，再次激荡光荣与梦想。

强化问题意识，唱好“中声部”

“问题是时代的声音”。中央领导在谈到如何做好宣传思想工作时，不止一次强调，要跟上时代的步伐，积极回应社会关切。前苏联领导人加里宁也说过，一篇文章之所以会发生很大的政治作用，就“因为它正好击中了当时绷得特别紧的社会的弦”。

对党报评论来说，能否回应关切，击中社会之弦，决定了其生命力、影响力和传播力。

过去几年，一提如何提高主流媒体的影响力、增强“问题意识”，我们一般爱说这样几句话：“早发声”“敢发声”“会发声”。不过，从突发事件中新闻发布的提速，到重大腐败

【锐评】国考降温启示：给年轻人更多职业想象空间

原创 2015-11-30 刘天亮 人民日报评论

青睐或放弃"国考"，只要理由正当，本身并不值得担忧。怕的是，一个国家的年轻人，未经磨砺就与梦想和勇气绝缘，放弃了职业想象空间

每年的国家公务员考试，报考人数和平均竞争比的走向，似乎成了观察社会现象的国家指标，其细微的波动都被认为代表着某种社会心态的变化。2016年的国考也不例外。据统计，本次考试共有近140万人通过资格审查，为5年来最低，只有近93万人实际参加考试，竞争比降至33:1。这两个数字的连年双降，再次被视为国考"降温"的重要标志。

究其原因，许多人包括一些受访者都认为，简政放权、反腐败、隐性福利减少等，正在不断稀释着公务员的吸引力。透过这几年的制度建设，让公务员回归到是其所是的位置，这个解释很合理，也能让公众略微松一口气。然而，单就国考这件事来看，上述间接影响，恐怕不如国考政策调整本身来得大。

近些年的国考改革，基本沿着两个思路在前进。一个是向基层倾斜，中央及其省级直属机构录用公务员要求基层工作经验所占比例逐年提高，2010年为70%，2011年为85%，2012年除特殊岗位外，均要求有基层工作经验。另一个是专业化、精细化，2016年国考许多职位都提高了门槛，有更为严格的专业要求，遴选机制日趋科学严密，报考人数下降自在情理之中。**更何况，这两年国考为考生建立"诚信档案库"，提高了违约成本，一定程度上遏制了跟风考试的心理。**因此，近几年国考的所谓"降温"，还属于政策影响下的正常波动。

真正能反映青年择业观变化的，其实是2012年以来持续出现的大范围"弃考"现象。据统计，2016年，弃考者超过46万人，占比近1/3。2012年到2014年，这个数字均接近40万人，2015年则超过了50万人。这个现象说明，**在很大一部分年轻人的心里，国考已经变成一个"备胎"，而不是前面有千军万马也要闯过去的"独木桥"。**事实上，参加考试的人，也有不少是抱着试试看的心态来轻松应考的。

这并不意味着，公务员的含金量就降低了，或者社会评价就降低了。正所谓，去留肝胆两昆仑。**弃考者和应考者，乃至社会舆论，都能以平常心来看待这件事，反而能把附着在公务员身上不该有的泡沫挤掉，撇出这个职业真正该有的含金量。**

事实上，每年近100万的参考人数依然惊人，逐年下降的平均竞争比还是偏高。哪怕没有那些不切实际的念想，公务员和其他选择相比，仍旧有很大优势。《人民日报》客户端近日曾发布一项关于国考吸引力的调查，依然有占41%的人青睐公务员职位，排在第一位，理由是"职业稳定、社会地位高，仍是强

案件的公开审判，今天的媒体环境大有不同。因此，强化"问题意识"的同时，还需要直面移动互联网时代的舆情特点。

"听一半，理解四分之一；零思考，双倍反应"——有人曾以此形容微博和网络舆论生态。互联网容易形成的"刻板化"印象、网民的罗宾汉情结、政府的塔西陀陷阱，使得网上舆论生态容易情绪化、标签化。移动互联网时代，个体拥有了传播权力和传播能量，信息真假难辨，真相扑朔迷离，一事当前，不问是非，先忙站队。舆论与事实"追尾"的案例、剧情"反转"的现象，不胜枚举。"成都女司机被暴打"发现另有"隐情"、"安徽女子见义勇为被狗咬伤"终被证假，即显示了当前舆论生态的这种复杂性。

正因为如此，党报的科学理性的态度、守正持中的立场、以理服人的论说，尤为重要。一直推动党报评论要在"党心与民意中寻找最大公约数"的人民日报副总编卢新宁提出，党报评论在舆论多元的"多声部"中，应扮演好"中音"角色。既要有锐气，又要有理性；既要有肝胆，又要有心肠。为社会活血化瘀，做社会舆论的压舱石，而不是加剧社会裂痕。

强调这一点，不仅对于转型中国来说重要，对于提升党报评论的引导力也极其关键。

强化传播意识，打通"最后一公里"

当下，"媒体融合"正成为传统媒体的共识和行动。从法人微博到新闻客户端，

传统媒体在新技术平台上可谓一路狂奔。

“顺势而动”值得赞许，但媒体融合的关键，不在于搭建了多少新技术平台。以新闻客户端建设为例，有统计指出，110家传统媒体中已有 66家创建了自己的新闻客户端。但在新闻客户端下载量前10名中，仅有两家具有传统媒体背景。渠道建设只是提供了基础平台，若产品无人订购，就只能静候在路的那头，困守在“最后一公里”处。

比渠道建设更应强化的，是如何让观点产品借船出海，抵达用户，价值变现。

打通“最后一公里”，要研究传播规律。当评论遇上“移动时代”，符合移动互联网传播规律的评论有什么样的形态、语态和姿态？有人提出“星期二现象”，为什么星期二发的稿子会转得更多？有人指出，手机用户“排斥”长文章，那么多长篇幅的文章适合手机上阅读吗？为什么加一张插图，转发率就会高？为什么晚上 10点—12点，成为手机用户阅读高峰……这其中，有很多规律性东西，需要研究掌握。

打通“最后一公里”，要增强用户观念。以十八届五中全会召开当天《人民日报》刊发的“任仲平”署名文章《向着第一个百年目标前进》为例。见报文章为7000多字。以此稿为基础，改造为可视化的图文结构，通过“人民日报评论”微信公众号推送，阅读量50000+；用“再解读“方式，梳理

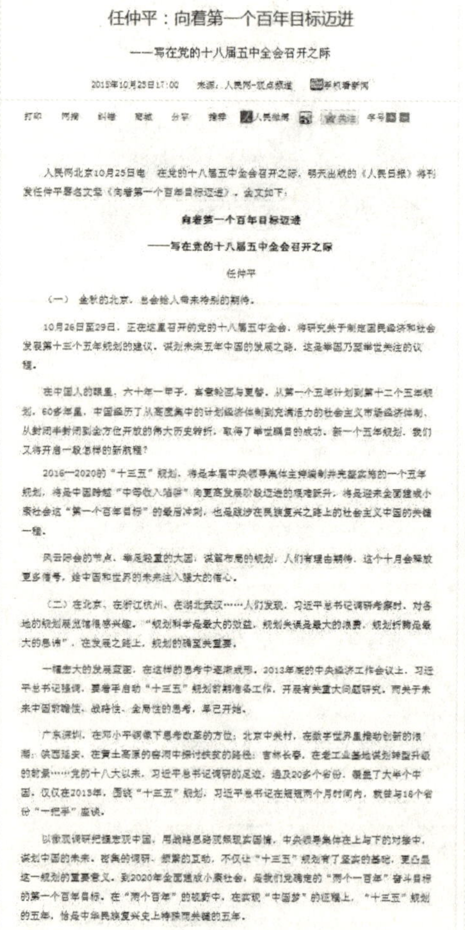

任仲平：向着第一个百年目标迈进

——写在党的十八届五中全会召开之际

2015年10月25日17:00　来源：人民网-观点频道　手机看新闻

打印　网摘　纠错　商城　分享　推荐　人民微博　关注　字号

人民网北京10月25日电　在党的十八届五中全会召开之际，明天出版的《人民日报》将刊发任仲平署名文章《向着第一个百年目标迈进》，全文如下：

向着第一个百年目标迈进

——写在党的十八届五中全会召开之际

任仲平

（一）金秋的北京，总会给人带来特别的期待。

10月26日至29日，正在这里召开的党的十八届五中全会，将研究关于制定国民经济和社会发展第十三个五年规划的建议，谋划未来五年中国的发展之路，这是举国乃至举世关注的议程。

在中国人的眼里，六十年一甲子，寓意轮回与更替。从第一个五年计划到第十二个五年规划，60多年里，中国经历了从高度集中的计划经济体制到充满活力的社会主义市场经济体制、从封闭半封闭到全方位开放的伟大历史转折，取得了举世瞩目的成功。新一个五年规划，我们又将开启一段怎样的新航程？

2016—2020的“十三五”规划，将是本届中央领导集体主持编制并完整实施的一个五年规划，将是中国跨越“中等收入陷阱”向更高发展阶段迈进的艰难跃升，将是迎来全面建成小康社会这“第一个百年目标”的最后冲刺，也是跋涉在民族复兴之路上的社会主义中国的关键一程。

风云际会的节点、举足轻重的大国，谋篇布局的规划，人们有理由期待，这个十月会释放更多信号，给中国和世界的未来注入强大的信心。

（二）在北京、在浙江杭州、在湖北武汉……人们发现，习近平总书记调研考察时，对各地的规划展览馆很感兴趣。“规划科学是最大的效益，规划失误是最大的浪费，规划折腾是最大的忌讳”，在发展之路上，规划的确至关重要。

一幅宏大的发展蓝图，在这样的思考中逐渐成形。2013年底的中央经济工作会议上，习近平总书记强调，要着手启动“十三五”规划前期准备工作，开展有关重大问题研究。而关于未来中国前瞻性、战略性、全局性的思考，早已开始。

广东深圳，在邓小平铜像下思考改革的方位；北京中关村，在数字世界里推动创新的浪潮；陕西延安，在黄土高原的窑洞中探讨扶贫的路径；吉林长春，在老工业基地谋划转型升级的前景……党的十八大以来，习近平总书记调研的足迹，遍及20多个省份，覆盖了大半个中国。仅仅在2015年，围绕“十三五”规划，习近平总书记在短短两个月时间内，就曾与18个省份“一把手”座谈。

以微观调研把握宏观中国，用战略思路观照现实国情，中央领导集体在上与下的对接中，谋划中国的未来。密集的调研、频繁的互动，不仅让“十三五”规划有了坚实的基础，更凸显这一规划的重要意义。到2020年全面建成小康社会，是我们党确定的“两个一百年”奋斗目标的第一个百年目标。在“两个百年”的视野中，在实现“中国梦”的征程上，“十三五”规划的五年，恰是中华民族复兴史上特殊而关键的五年。

文章要点，由新闻客户端二次传播。同时，针对国际舆论场，缩写 1000 字的简版，向海外社交媒体刊发。在推特、脸书等海外媒体上推送后，20 小时内，脸书上的阅读量为 101.3 万，23910 次点赞；推特上的阅读量为 30675 万。在“精确推送”上做了一些有益尝试。

事实上，移动互联网时代给党报提出的课题，远不止上面谈及的内容。党报评论如何突围、突破、突进，要在实践中探索，在创新中总结，在效果里检验。唯有顺时而变、顺势而为，实现政治宣传向政治传播的转变，才能打通国内官方舆论场、民间舆论场和国际舆论场，发挥党报评论应有的“评论力”。

（作者系人民日报社评论部副主任、高级编辑）

党报的核心竞争力在评论

□田东江

田东江

一

11 月 5 日，新华社客户端推出的"《南方日报》刊发万字评论员文章《论五大发展理念》"，在全国范围内引起了极大反响。诚如该文所说："推出一个整版篇幅的重磅评论员文章，在南方日报历史上还是首次，在全国省委机关报中亦属罕见。"11 月 23 日，《南方日报》再发万字评论《坚持以人民为中心的发展思想》，再次吸引了全国读者的目光。两文的横空出世，带给读者以石破天惊之感。

实际上，自今年 7 月以来，《南方日报》的评论就不断吸引社会各界的眼球。7 月 22 日，《人民日报》转载了前一天发表在《南方日报》上的署名评论《防止奥数失冠副效应》；8 月 21 日，《人民日报》转载了南方日报评论员文章《改革要突出"问题导向"》；9 月 7 日，《人民日报》转载南方日报评论员文章《时代呼唤更多好干部》。9 月 11 日，新华社客户端推出"南方日报连续发表评论员文章：纵论学习习近平总书记纪念中国人民抗日战争暨世界反法西斯战争胜利 70 周年重要讲话精神"；9 月 30 日，新华社客户端推出"南方日报连发七评：纵论习近平访美并出席联合国峰会"。10 月 15 日，《人民日报》转载南方日报评论员文章《以"问题导向"推进改革落地》。10 月 24 日，新华社客户端推出"南方日报评论员连发

评论 封二

经贸合作是中美关系的压舱石

——习近平主席访问美国并出席联合国系列峰会观察④

南方时论

网络营销也要遵规守矩

从严从实把好"为官不为"问责关

全国首届参照国家标准评出

2015年度广东省（优秀）诚信企业

如何解决既要加大纪律审查力度又要确保执纪安全的问题

评论/笔谈 封二

中美新型大国关系具有强大生命力

——习近平主席访问美国并出席联合国系列峰会观察⑤

南方时论

铭记历史所启示的伟大真理

中国开放的大门不会关上

提升机关党建水平 助力推进"四个全面"

如何解决既要勇于监督别人又要防止"灯下黑"的问题

五评：谈习近平访英"。以总书记访美这组评论员文章为例，除新华网、新华社客户端、人民网、光明网、中国经济网、南方网等持续刊登外，腾讯网、凤凰网、今日头条、搜狐网、新浪网、网易等网站及客户端都进行了广泛转载。在各大新闻网站和客户端的访美专题页面，这组评论员文章不仅每篇都被转载，而且被置于重要位置，成为访美专题的重要组成部分。据不完全统计，此组系列评论员文章在各主要网站和客户端的浏览总量已超过 5000 万人次。以新华网和新华社客户端为例，截至 9 月 28 日 12 时，7 篇评论的浏览量已达 400 万人次，其中《为中美友好合作而往　为世界和平发展而行》《经贸合作是中美关系的压舱石》均超过 90 万人次。

把这些转载、评价汇集到一起不难发现，两篇万字评论员文章的出现，是南方日报评论文章达到的一个新的高潮。这个新高潮的到来，颇有水到渠成的意味，是《南方日报》努力强化评论所结出的必然之果。而评论，毫无疑问就是省委机关报的核心竞争力所在。

有一句话人们耳熟能详，叫做"评论是报纸的灵魂"。一直以来，评论在报纸尤其是在党报中，充当的也正是这种角色。

1941 年 5 月，中共中央决定将《新中华报》《今日新闻》合并，出版《解放日报》作为中共中央的机关报。在随后发出的通知中说，今后"一切党的政策，将通过《解放日报》与新华社向全国传达，《解放日报》的社论，将由中央同志及重要干部执笔"。这就等于表明，中央把社论这种最高规格的评论作为表达自己的意志、传播大政方针的形式之一，十分明确地诠释了评论在党报中的灵魂地位。这一定位对后来各级党报的影响是决定性的。在党报之外，从前那些人们津津乐道的《大公报》《文汇报》等，往往也正是因为他们的评论办得出色。张季鸾、徐铸成、赵超构等先生的笔力千钧，每为后辈所仰止。张季鸾先生认为，报纸如果只是客观地报道新闻，只能算“无负社会”，必须充分发挥报纸评论的重要作用，勇于对国家大事表达独立的见解。只有这样，报纸才能尽到“对于国家社会负有积极的扶助匡导之责任”。

在传统媒体时代如此，在新媒体时代尤其如此。当下，媒体之间的竞争，正在由传统的时效之争、独家之争，向观点之争、思想之争拓展和升华。党报要在竞争中站稳脚跟，巩固并扩大阵地，必须重视而且加强评论，以之作为自己的核心竞争力。《南方日报》的路径，正是这样清晰而明确。

《南方日报》评论版开设于该报在新世纪的第一次改版，即 2002 年 8 月。每天头版出一篇，每周出一个整版。此后的 12 次改版中，评论的地位不断凸显，表现为比重不断加大、版位不断前移，特别是 2009 年 10 月第 7 次改版设置封面版后，评论版固定在封二版，从周一到周六出版。十几年来，《南方日报》评论版先后打造出了《南方论坛》《南方时论》《新隆中对》《热门话题》《直言》《世界观》《经济人》《法律人》《野史新说》《今古齐观》等品牌栏目，在全国形成了比较大的影响力。每天《南方日报》的评论既出便为各大门户网站甚至纸媒纷纷转载。其中，《热门话题》获得过中国新闻奖，《南方论坛》《新隆中对》《野

评论 封二

共产党与腐败水火不容

中国农村家庭代际分工分析

靠实干彻底改变粤东西北落后面貌

南方时论

“不雅视频”上了一堂生动的教育课

权当奥数失冠是一件正常事情

评论 封二

改革要在解决突出问题上下功夫

南方时论

新闻发布须懂公众心理

为广州转型发展汇聚正能量

不要让“情怀”变成一种消费

普法原来可以这么萌

评论

用行动来同心打造人类命运共同体

——习近平主席访问美国并出席联合国系列峰会观察⑤

建设美丽新疆 共圆祖国梦想

——热烈庆祝新疆维吾尔自治区成立六十周年

倘若"致远"舰能重见天日

机动车污染防治要靠多方合力

顺德入选《乐享中国》既偶然也必然

评论

坚持问题导向狠抓基层改革探索

体味人生"上止正"

选座付费也有一定合理性

请服务对象参与考评更有说服力

奖励拾金不昧在于正视社会现实

要让文化遗产保护法规真正落地

史新说》等栏目获得过广东新闻奖专栏奖。此外，每年均有评论文章获取全国、省的各级奖项。作为报纸灵魂的评论，早已成为《南方日报》的一面旗帜。在议论的广度与深度方面，与全国省级党报类比，应该说走在了前列。

二

南方日报评论之所以广受肯定、影响较大，首先得益于省委宣传部领导的亲切关怀、南方报业传媒集团领导的悉心指挥，其次在于评论部全体成员的刻苦学习、努力拼搏。理论评论部是全报社人员最少的部门，评论员最多时也不足4人，但是特别能战斗。他们牢记党报姓党、在党言党，抓牢了围绕中央和省委中心工作、服务改革发展稳定大局这一基本职责，找准了评论工作切入点和着力点，做到了因势而谋、应势而动、顺势而为，从而使《南方日报》评论不仅体现出了广东省委机关报的党报属性，而且实现了党性与人民性的有机统一。

总结起来，大致有这样几点经验。

首先，是具有明确的政治意识、大局意识。把准确理解中央、省委中心工作作为一项重要政治任务。在评论选题上，围绕中心、服务大局来履行基本职责。

以新近的实践为例。党的十八届五中全会提出了"十三五"时期的"五大发展理念"、坚持以人民为中心的发展思想。《南方日报》评论敏锐地捕捉到了这两点，在以系列评论贯彻落实五中全会精神的同时，先后推出了两篇重磅评论。《论五大发展理念》系统回顾了习近平总书记关于发展的一系列重要思想、观点和论述，并密切联系广东实际，全面阐述五大发展理念的深刻内涵。《坚持以人民为中心的发展思想》从创立共产党的革命导师的论述出发，指出五中全会这一发展思想是“十三五”规划建议贯穿始终的红线，着重论述了为何坚持、如何坚持，广东的实际行动应该表现在哪里。两文的收效，极大地提升了《南方日报》在全国的影响力和震撼力。

评论
论五大发展理念
南方宏论

身为改革开放排头兵的广东，在全国经济社会发展大局中占有举足轻重的位置。习近平总书记在党的十八大后离京考察的第一站便选择广东，足见对广东工作的高度重视。新时期，广东要继续保持排头兵的地位，在各项工作中继续走在全国前列，就必须首先把总书记的重要讲话精神学习好、贯彻好、落实好。作为广东省委机关报，学习好、解读好、阐释好总书记的重要讲话精神是义不容辞的职责使命，而南方日报评论是一个重要窗口。在写作过程中，我们一直强调要与广东实际工作相结合，要充分接地气、有本地意识。在南方日报的评论中，可以明显体会到总书记重要讲话对广东工作的实际指导意义，可以明显看到广东工作的成绩和努力方向，以及广东对总书记重要讲话的具体贯彻落实。这是南方日报评论的一个典型特征，也是赢得广大干部群众认可的重要原因。

评论
坚持以人民为中心的发展思想
南方宏论

南方日报评论牢牢把握围绕中心、服务大局的基本职责，坚定宣传好中央和省委的重大工作部署，坚决维护好中央和省委的权威。对每年的中央全会精神、省委全会精神，以及其他重大决策部署，南方日报评论都会第一时间学习贯彻；对党的群众路线教育实践活动、“三严三实”专题教育活动，以及其他重大作风建设部署，南方日报评论都会结合广东实际推出学习文章；对社会主义核心价值观、协调推进“四个全面”，以及其他重大方针政策，南方日报评论都会及时进行解读阐释……这些重大主题是巩固壮大主流思想舆论的核心内容，是赢得宣传思想舆论工作主动权的关键，南方日报评论未敢有丝毫放松和懈怠。

对省委机关报而言，就是要站在党和人民工作的大局上来谋篇布局，“站在天安门上想问题，走在珠江口边找感觉”，始终站在火热的一线。在关键节点、重要工作中及时发声，成为省委中心工作中不可替代、不可或缺的权威声音。

其二，是具有明确的阵地意识。弘扬主旋律，传播正能量，坚持团结稳定鼓劲、正面宣传为主的重要方针，以期巩固拓展主流舆论阵地。

南方日报评论牢牢把握团结稳定鼓劲、正面宣传为主的重要方针，积极弘扬主旋律，传播正能量，激发全社会团结奋进的强大力量。主旋律反映了当代中国发展进步的主流价值追求，正能量体现了积极向上、乐观健康的社会精神力量。弘扬主旋律，社会思想就有了主心骨；传播正能量，社会发展就有了动力源。当前，国内社会转型加快与外部环境变化加剧相互交织，社会思想舆论日益多元多样多变。南方日报评论格外重视宣传改革开放的巨大成就和人民群众中的先进典型和感人事迹，宣传党员干部弘扬优良作风、密切联系群众的良好风貌，宣传社会各方面温暖人心的善行义举，在全社会唱响昂扬向上的正气歌。

转型期的中国，改革前沿的广东，热点事件层出不穷，舆论引导的重要性愈发突出。南方日报评论从不回避热点，而是积极介入热点事件的评论。如果党报评论不及时发声，不准确发声，很可能将舆论主动权让给网络媒体和自媒体，很有可能滋生谣言。相反，只要牢牢把握团结稳定鼓劲、正面宣传为主的重要方针，党报评论在热点事件上完全可以更加有效引导舆论。近年来，社会舆情纷繁复杂，南方日报评论密切关注舆情变化，及时发现和深入分析倾向性、苗头性问题，有针对性地进行正面引导、深度引导，析事明理、解疑释惑，帮助人们澄清模糊认识、划清是非界限，引导社会情绪和社会心理朝着积极健康的方向发展。

其三，是具有明确的纪律意识。坚持以改革创新为动力之源，以纪律执行确保正确舆论导向。

南方日报评论之所以能在全国评论市场上占有一席之地，与骨子里的改革创新精神分不开。按照习近平总书记的要求，宣传思想工作创新，重点要抓好理念创新、手段创新、基层工作创新，努力以思想认识新飞跃打开工作新局面。南方日报评论高度重视理念创新，突出运用马克思主义立场观点方法观察分析问题，善于在实践中挖掘鲜活素材，倡导有个性、有特色的语言风格，这使评论不仅有思想、有内容、有新意，而且有亲和力和表现力。同时，南方日报评论高度重视手段创新，积极探索有利于破解工作难题的新举措新办法，特别是主动适应社会信息化持续推进的新情况，加快传统媒体和新兴媒体融合发展，充分运用新技术新应用创新媒体传播方式，打造“南方评论”微信公众号，占领信息传播制高点。实践证明，南方日报评论在新媒体平台上同样深受欢迎。

总之，南方日报评论踏准了时代发展的节拍，摸准了舆论宣传的脉搏，找到了党报评论创新的新路子。南方日报评论近期取得的成绩，带给了我们沿着这条新路继续走下去的充足动力，以及凭借党报评论壮大主流思想舆论的更大信心。今后，南方日报评论将研究如何进一步运用微博、微信、客户端等新媒体终端，来开展及时性、滚动性的评论，以短、精、准的网言网语和微言微语赢得更多的受众，既扩大传统评论的影响，同时打造新锐新媒体评论，在更高、更深、更广的范围内，着力体现出评论这一党报核心竞争力的力量所在。

我们的目标是：在党报系统做到一流，在某些领域不可替代

（作者系南方日报编委会委员、南方日报理论评论部主任）

以用户思维
提升党报评论传播力和影响力

□邓辉林

邓辉林

自从我国在 2014 年全面进入移动互联网时代以来，舆论格局随着传播技术和介质的升级换代相比过去发生了明显变化。从纯技术的层面看，舆论表达更加便捷、自由；从舆论的分布看，舆论分化、多元的趋势更加突出；从舆论生态看，碎片化、浅表化的舆论激增。在舆论新态势下，党报评论若不与时偕行，并不具有天然的传播力和影响力。党报评论工作切实树立用户思维，以用户体验为核心，致力于提升用户体验，是扩大用户规模、增强党报评论传播力和影响力的现实路径。《深圳特区报》在移动互联网传播技术条件下的评论工作，围绕着提升用户体验进行了探索与实践。

关注和关心用户需求

华为公司发布的 2014 年行业趋势展望报告，提出了“互联网思维的核心是用户思维”观点。党报评论顺应移动互联网技术时代，需要培养起用户思维，确立“以用户体验为核心”的导向。

读者即用户。读者群体可大致分为两个类型。一是党政部门、事业单位以及工青妇等党领导的群团组织人员。这些单位的党报读者，除了阅读党报的新闻报道之外，还会学习、研究、摘抄、引用党报的理论评论文章，从其媒介使用行为方式看，无疑是党报的用户。二是以市民和企业员工为主体的广大读者。他们与党报之间的关系更加符合市场经济规律，在一定程度上具有使用价值占有者与提供者的关系属性，因此，这类读者也是党报的用户。党报对待用户的态度，决定了在用户中的传播力和影响力。

传播权威声音，引导主流舆论。党报是党和人民的耳目喉舌。由于党报的原则和定位，党报评论承担着传达党的声音、引导主流舆论的任务。在党召开重要会议、党中央国务院通过媒体发布文件、地方党委政府作出重大决策部署后，党报的党政系统用户既有表态的需要，又有进一步结合本地实际深入学习的需要。为了满足这些用户相关需要，党报评论员需要吃透中央和地方党委政府精神，把握发展大势，扣准时代脉搏，通过准确阐释上头精神来服务中心工作、服务用户。

2015 年 10 月 29 日中国共产党十八届五中全会闭幕，当晚全会公报甫一发布，深圳特区报时评理论部就组织学习并初拟了“学习贯彻五中全会精神”系列评论提纲。这一系列评论从 2015 年 11 月 9 日起在《深圳特区报》头版刊登，分别是《把创新摆在发展全局的核心位置》《在协调发展中增强特区发展后劲》《以绿色发展成果提升城市魅力》《开创特区对外开放新局面》《使全体人民有更多获得感》，对深圳如何贯彻落实五中全会提出的“五大发展理念”进行了精当阐释。每逢重要时间节点，推出传递党委声音的重要评论或系列评论，实现“国家立场、深圳表达”，是《深圳特区报》的鲜明特色。在为党政系统用户服务的同时，该报致力于发出特区声音，凝聚各方共识。

尊重民众诉求，解答民众疑惑。党报的用

深圳特区报
SHENZHEN SPECIAL ZONE DAILY
习近平将出席G20峰会和APEC会议
领导干部离任审计自然资源资产
习近平主持召开中央全面深化改革领导小组第十八次会议强调
全面贯彻党的十八届五中全会精神
依靠改革为科学发展提供持续动力
李克强刘云山张高丽出席
前海蛇口自贸片区及前海深港合作区管委会召开年度会议
自贸片区经济总量年底将突破千亿
在协调发展中增强特区发展后劲
深圳明年开工建设
世界最大会展中心
构建海外引才“梧桐”生态圈

A2
评论
牢牢把握“三个见实效”的目标要求
2.5天休假模式该如何开启
懒政“空城计”
实行教师定期注册制
须推进教师评价体系改革
加力推动异地就医结算
让红头文件变民生红利
以新作为引领新常态

户中，有很大一部分是基层社区居民和各层面的管理者、投资者、经营者和研究者。这部分用户由于党报的权威性、公信力而成为党报的忠实“粉丝”。巩固和培育这个类型的用户群，需要树立用户至上理念，以优质服务履行用户和党报之间的心理契约。党报是沟通党和人民的桥梁和纽带，具有“上情下达、下情上传”的重要功能。设身处地体察用户需求，在倾听并反映民众诉求的同时，深入浅出地阐释党的理论、路线、方针、政策和地方党委政府的决策部署、政策措施，这是将“上情下达”与“下情上传”两个方面结合起来的党报作为。

深圳境内流域面积最大的河流茅洲河，多年来一直发黑发臭，让市民生活和心情“很受伤”。2015 年 7 月 3 日，深圳特区报时评理论部了解到茅洲河治理的瓶颈后，组织撰写了《茅洲河的水，再“深”也得蹚》，在分析茅洲河治理困难的同时，介绍了茅洲河昔日清澈可人、后被严重污染的状况以及污染来源，并提出“茅洲河遭污染，这是人们向生态环境欠下的债务”，“向污染宣战，坚决切断污染源，把我们亲手制造的污染消除掉，还河流一片澄澈，这是我们应尽的生态责任，因此，茅洲河的水再‘深’也得蹚”，评论发表后被广泛转载并受到多方好评。这类站在民众立场、为民众利益代言的党报评论，容易在民众中激起热烈反响，扩大党报评论的传播力和影响力。

关注用户需要，在不同用户群体之间找到“最大公约数”。因为党的利益和人民利益一致，所以作为党和人民利益喉舌的党报，刊发的评论应当将二者利益统一起来，努力消除在个别问题上的舆论争议。回应党委政府和民众的共同关切，打造利益共同体、命运共同体，将推动党报评论扩大传播力和影响力。

2015 年 3 月 18 日，《深圳特区报》发表评论《海上渔排野蛮疯长，监管部门在哪里？》，说的是在深圳市大鹏新区东山码头海域，当地政府为鼓励创业，曾经给当地居民用于养殖的渔排发放过海上餐厅临时牌照，但后来多数渔排自行扩张，污水直排入海，海域遭到破坏。评论发表当天，当地政府和部门就打来电话，表示马上整改，整改完成后再请深圳特区报评论员过去查看效果。由此可见，同时为最大多数用户服务，是增强党报评论传播力和影响力的重要途径。

塑造有亲和力的形态

人民日报社副总编辑卢新宁曾刊文提出，传媒主流声音要进入新媒体舆论场，需要不断提升自己在价值体系、知识体系、话语体系等方面的三种“新媒体能力”。“第三种能力，体现在构建完备的话语体系。实际上，主流媒体有着丰富的‘语料库’。我们党在长期文宣工作中形成的表达传统，我们的时代在不断变化中积累起来的表达方式，都可以为我所用，成为突破刻板语态的丰厚资源。”[1]

今天，传播技术条件的变化，使得传播的语用随之嬗变。有论者指出：“新的媒体传播方式加上新的政治修辞情景，使得民众眼里的政治修辞，即通常说的‘官话’变得十分生硬和僵化，自然引起他们的反感和不信任。”[2] 对此，党报评论努力提升“新媒体能力”，塑造出有亲和力的形态，才能产生强大的传播功效。

亲和力，来自平等对话的姿态。移动互联的本质特征是人、物、时、点自由和无时不在的“连接”。[3] 人人在传播格局中兼具受众和传播者角色，这使得移动互联网天然携带着平等基因。时移势易，党报评论已无可能再靠大批判的语体来传播道理。只有放下身段，与用户平等交流，用理性的说服而不是命令性、恫吓式的压服手段，党报评论才能让人接受。2015年10月，深圳市民陈如豪、吴清琴夫妇获评“全国道德模范”，深圳特区报评论员文章《在感动中遇见更好的自己》写道：“汲取道德模范这一‘精神富矿’提供的营养，像道德模范那样对待社会、对待他人、对待自己，把良好道德情操体现到日常工作和生活之中，我们可做的事情还有很多。从小处做起，久久为功，更好的自己将带给我们更加美好的体验。”上文并未使用

A4 要闻

聚焦 2015 全国两会

挖掘改革经验 网聚创新合力

“岭南攻坚进行时——广东省全面深化改革系列谈”获网友点赞超千万次

全国政协十二届三次会议举行第四次全体会议

对自主创新企业予以精准扶持

让市场主体创新遍地开花

让深圳蓝成为常态蓝

深圳3万家科技企业涌动创新潮

创业创新要以民生需求为导航仪

A2 评论

打造审判体制改革的深圳样本

锐角

茅台酒不需要“皇帝的新装”

海上渔排野蛮疯长，监管部门在哪里？

撤销驻省办须防庙拆了和尚还在

莫让职业打假人抢尽监管者的风头

召回制度能否护佑“舌尖上的中国”？

民间高手需要“得瑟”的舞台

A2

评论

撬动兴国强国的杠杆

——写在科教兴国战略提出20周年

深议

强军安民新探索

漫话

“神”回复

禁领导干部家属经商 须彻底切断代理链条

关机1小时，老总来电话咋办?

微言堂

锐角

A2

评论

茅洲河的水，再“深”也得蹚

要论

以民事公诉推动公益诉讼

廉议汇

“两栖干部”：甘蔗不能两头甜

漫话

要“颜值”，更要“言值”

深议

圆饼红灯可右转 得让司机知道

锐角

新版火车票 不能有广告没“时间”

“要”“必须”“应该”等传递出支配性的词汇，评论员是站在和民众平等的位置，向大家提出建议，如此平等说理更易令人接受，而生硬说教则易引起抵触情绪。

亲和力，来自循循善诱的论说。理智比情绪更重要，逻辑比表态更重要。“扣帽子”“打棍子”“贴标签”“吐口水”，这些不利于传播的论说方式容易识别。但有一些评论在论说上的生硬却不易察觉。一些评论在论证环节上偷懒，没有提供有说服力的论据，或者使用站不住脚的论据，这同样是论说生硬的表现。深圳特区报评论注重通过耐心、可靠的论证，起到循循善诱的效果。2015年3月12日《深圳特区报》发表评论《创业创新要以民生需求为导航仪》谈道：“中高收入群体因为有着更为强劲的消费能力、更加旺盛的消费欲望与更具个性的消费选择，而受到创业、创新的特别眷顾；而草根群体的消费需求与消费潜力却往往受到漠视，专为他们量身定做的创业、创新较少。”深入论证之后再看标题揭示的观点，人们就容易被评论说服。

亲和力，来自生动有趣的文字。如今，国家领导人发表的新年贺词、大学校长发表的毕业典礼致辞、微信公众号文章，在文字上都注重“接地气”。文字表达风格的改变，终究是为了达到“传通”的效果。达到“传通”，除了有效的论证之外，还需要生动有趣的文字。2014年，《深圳特区报》评论版开设了《锐角》栏目。这是一个针对社会热点新闻事件的多视角短评集合。这个栏目的选题以“热”为要，评论观点突出“锐”度，对同一话题，一般选择刊发4个左右不同角度的观点，虽然有时会在标题上体现本报观点倾向，但并不作结论、不下定论，让读者自己在不同观点的碰撞中对问题进行更深入的思考，从平等的交流中得到启示，从而得出自己的结论。

2015 年初，深圳特区报社时评理论部推出了一个《四重唱》的专栏，由 4 名评论员就同一话题从不同视角进行评论。目前已对“过年回不回家”“清明请人扫墓”“今天如何读书”“青少年校园暴力”等话题做了几期策划。这个栏目侧重于从论坛、微博、微信等新媒体平台上挖掘话题，用新媒体的话语表达，注重讨论的理性和思想性。《四重唱》和《锐角》的区别在于，选题上前者的关注重心不是话题的新鲜热辣，而是话题和社会现象涉及的广度和可开掘的深度；在讨论上前者更注重的不是观点的交锋和争鸣，而是展开圆桌讨论，从不同层面寻求问题的解决之道。此外，2014 年以来，《深圳特区报》发表了一批有较强趣味性和可读性的党报评论，这些评论从结构、标题、遣词造句等方面提升可读性，从而提高了阅读量和点击率，增强了舆论引导能力。

抢占新阵地和新终端

“传统媒体与新媒体的融合是个解构并建构的过程，最终形成全媒体矩阵。”[4] 党报评论在移动互联网促成的媒体融合条件下，同样需要借助全媒体矩阵平台发挥舆论引导能力，具体而言就是“把报纸评论的读者思维向用户思维转变，葆有信息的入口价值，建立起多介质、多功能、全方位、立体化、权威公信、广泛联动的评论阵地和常态化、战略性的融媒体平台，实现媒介手段的多样化、资源利用的最大化、传播效应的最优化。”[5]

深圳特區報
SHENZHEN SPECIAL ZONE DAILY
9

把创新摆在发展全局的核心位置
——一论贯彻落实五中全会精神

生态文明“第一考”引领深圳绿色发展
我市重点生态指数在全国副省级以上城市中均处最好水平

全国政协十二届常委会决定
明年11月12日举办活动纪念孙中山诞辰150周年

中国新闻奖颁奖报告会举行
刘云山会见获奖代表

市委理论学习中心组举行“三严三实”专题教育第三专题学习研讨会
切实把权力用在为民服务干事创业上

地铁11号线将于年底试跑

马兴瑞会见斯洛文尼亚客人

“孔雀”齐飞释放强大“磁场效应”
——深圳实施“孔雀计划”成效系列报道之四

市委常委会听取“六五”普法规划实施情况
普法工作要更接地气更加管用

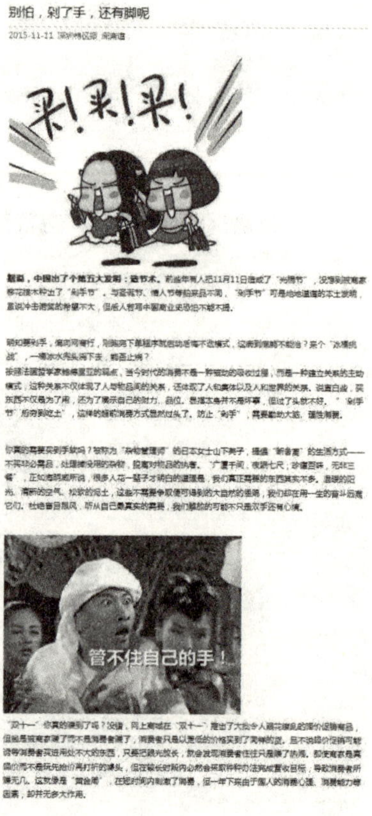

全球知名的市场研究机构 eMarketer 预测，2015 年近 40% 中国人拥有智能手机，一线城市普及率将达到 55%。有专家指出："当普及率超过 30%，就意味着它已经进入大众市场，而不再是一项小众的技术或解决方案。"置身拜新技术和新设备所赐的移动互联网时代，如果不注重抢占新的终端，报纸就可能出现用户流失。党报评论积极占领新阵地、新终端，是葆有并提升传播力、影响力的重要抉择。

2015年3月25日，深圳特区报时评理论部微信公众号"深南道"上线，至今已形成除周末和节假日之外每天推送一次的规律。党报评论的专属微信公众号上线，是为了方便用户与时评理论部门的交流、互动；坚持每天推送，是为了用户对这个公众号形成稳定的心理预期。为了适应新媒体的文风，负责内容维护的编辑会对推送文章的标题、内容进行修改或者再制作，如 11 月 11 日推送的文章《别怕，剁了手，还有脚呢》，见报标题为《理性消费，欢度"剁手节"》，为用户在"双十一"理性购物提个醒；5 月 6 日推送的文章《关机陪家人？臣妾做不到哪！！》，见报标题为《关机 1 小时，老总来电话咋办？》，从全国妇联呼吁人们每天关机 1 小时、多与家人相处说起，论述这个初衷良好的建议的不可行性，以及应当怎样对待沉迷于手机这一问题，这些文章都受到比较广泛的关注。如果内容编辑满足于当"报纸搬运工"，不在适应新媒体文风上下功夫，党报评论抢占新媒体、新终端就会成为无源之水。

2014 年，深圳特区报时评理论部整合内部资源，和报社新媒体部合作，在评论版开设了《微言堂》栏目。这个栏目集纳各方意见和建议，由广大网友而不是媒体评论员和评论作者发声，栏目话题提前发布到报社微博，话题集中于本地事件和现象，搭建起了一个立足深圳本地、面向全国网友的"民声"平台。"深圳中小学校长 8 年一挪窝，您怎么看""深圳是否应该推广家属照料型养老模式""地铁免费 WiFi 真的要来了吗"等，"微言堂"的选题与市民生活密切相关，让网友有话想说、有话可说。栏目通过报网互动放大了网友的声音，营造出畅所欲言的氛围，成为网友为城市改革发展建言献策的新媒介。这种栏目的设置，切合了"人人都有一个麦克风"的移动互联网时代带来的变化和要求。报纸和网络的互动，也扩大了党报评论在网友中的传播力和影响力。

结语

深圳特区报的评论实践，需要努力适应和引领移动互联网时代评论实践的新常态。当前，国内已经有一批媒体的评论微信公众号，吸聚了大量“粉丝”，在全国评论界产生了较大影响。这些评论微信公众号的选题视野、写作风格、推广方式，值得学习借鉴。

“党报评论对接互联网思维，就是要适应新媒体传播规律，实现话语体系的转变，从而在保持既有优势的基础上，赢得更多受众的认同。从根本上来说，这种转变是从读者意识到用户意识的转变。”[6]

传播技术的进步和传播介质的增加，对党报评论来说不仅是机遇也是挑战。注意力资源在迁移，如果不能在新的阵地培育起用户群，党报评论的传播力和影响力就会弱化。面对浩浩荡荡的时代潮流，党报评论工作者应当与时俱进，像更新知识体系一样更新话语体系、更新传播技能，让党报评论散发青春气息、激扬思想活力，继续成为确立解释权、话语权、引领权，占领思想舆论主阵地和制高点的高扬旗帜。

（作者系深圳特区报社时评理论部评论员、新闻学博士）

注释：

1. 卢新宁：《保持党报评论的“新媒体敏感”——人民日报评论数字化生存的思考》，《新闻战线》2014 年第 3 期。

2. 商诗洋：《我国政治修辞的历史变迁和重新定位》，《中共中央党校学报》2010 年第 3 期。

3. 史贤龙：《移动互联是一个时代》，《销售与市场·管理版》2015 年第 3 期。

4. 王开：《注重用户体验，打造全媒体矩阵》，《青年记者》2014 年 34 期。

5. 蔡小伟：《互联网传播需要思想力》，《中国报业》2015 年第 15 期。

6. 翟慎良：《党报评论如何对接互联网思维》，《新闻战线》2015 年第 13 期。

向深处发力，立体式呈现

——探索党刊理论评论建设的“南方模式”

□戎明迈　林若川

戎明迈

面对传统媒体和新兴媒体融合发展的大潮，传媒格局重构，党刊不能超然世外。在移动互联网时代，南方杂志社积极推进党报党刊党网融合发展，提出“党刊 +”理念，着力办一份“有思想、有温度、有功用、有综合传播力”的新型党刊。在“党刊 +”的理念下，《南方》杂志一方面加强杂志理论评论纵深策划，抢占南粤思想舆论高地；另一方面着力打造依托全媒体集群的资政智库，提升党刊的思想服务能力，以此探索党刊理论评论报道的“南方模式”。

移动互联网时代的“党刊 +”

在我国现有的近万种期刊中，党刊是一个较为特别的群体，肩负着弘扬主旋律、传播正能量的神圣使命，有时因为“太正统”而没有受到应有的肯定。实际上，大部分的党刊在移动互联网时代在不断巩固壮大主流舆论阵地，努力寻求突破，在意识形态之争与话语权争夺中把党的声音传递出去。数据显示，目前全国共有 500 多种党刊，按刊物的内容性质分类，主要可分为理论类、党建类、文史类、综合类四种。

《南方》杂志是以时政报道为主的综合类党刊，创刊 11 年来，在“深度凝聚力量”办刊理念指引下，坚守党刊使命、提升南方价值，得到了各级领导干部及广大读者的好评。

在“互联网 +”时代，党刊要继续保持其广泛的影响与独特的魅力，就不能固步自封，也不能妄自菲薄，而要适应舆论生态新形势，开拓党刊传播新格局，打造新型党刊形态。《南方》杂志由此提出“党刊 +”理念，以党刊为核心平台构建综合传播力。

作为“党刊 +”的重要内容，南方杂志社以主刊《南方》杂志为基础，以党刊的思想理论优势为核心，开发更多有潜力、有特色的项目，培育发展新的增长点，实现更加稳定快速的发展。目前南方杂志社发展态势良好，杂志月发行量 114 万份，年创利润上千万元，净资产超两亿元。2013 年《南方》杂志摘取中国期刊出版界最高奖项“中国出版政府奖期刊奖”，2015 年再次荣获“中国百强社科期刊奖”和“中国最美期刊奖”。

从理论高地到资政智库

2004 年《南方》杂志创刊时，定位于办一份“广东的《瞭望》”。如今，《南方》杂志更进一步提出办新型党刊的目标，这是新形势下提升党刊综合传播力的自我要求，也是坚守党刊使命的责任担当。加强理论建设是新型党刊的重中之重，坚持理论先行，必须让理论具有生命力。传统党刊过去更多地着重于在刊物上加大理论文章刊载力度，如今“办新型党刊”的办刊思路则要求党刊最大限度发挥理论的生命力，提升思想服务能力，改进理论宣传方式。

从 2014 年 11 月起，《南方》杂志开始进行理论建设专项研讨，远赴北京取经，经过反复探索，集全社之力，稳步推进。具体来说，就是构建“一常一专一网一库”理论阵地，即以《南方》杂志正刊为常态化的理论建设平台，以理论季刊及接下来开办的理论刊物为专刊，以政坛网、微信公众号等新媒体集群为传播网络，以南方经济研究院、南方基层学堂等为资政智库。从理论高地到资政智库，立体构筑传统媒体与新兴媒体相互促进的理论综合传播格局。

1. 杂志正刊：强化理论评论分量

评论历来被视为一本刊物的声音和旗帜。2015 年 4 月起，《南方》杂志在原来的理论评论格局当中，全新设置《传习录》《要论》《时评》《饮茶粤海》等理论评论栏目，作为杂志的理论宣传阵地。通过这些栏目，加强原创评论的分量，培养知名评论员，丰富评论作品题材，探索漫画评论

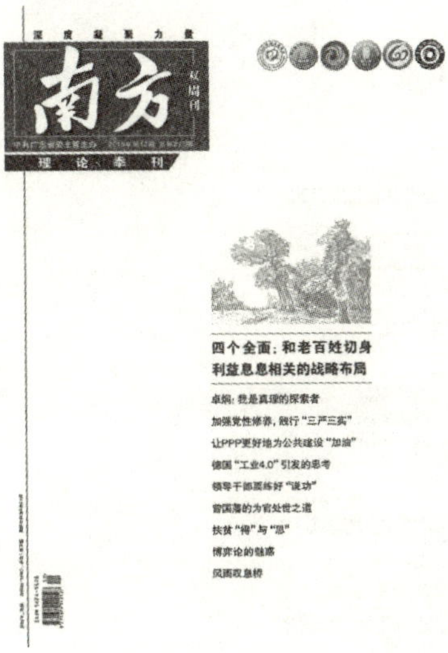

等表现形式，在重大决策、重大战略出台时及时发声，对一些错误言论勇于“亮剑”。提倡“边行边思、行思兼备”，从高、中、低三个层次立体设置理论栏目，彰显思想魅力。

以 2015 年 8 月 28 日出版的第 17 期《南方》杂志为例，当期杂志除去广告和版权页的篇幅共 67.5P，理论评论文章的篇幅达到 31.5P，占当期杂志的 46.7%，理论评论内容比例高于同类党刊平均水平。从内容和编排上看，有以下几个特点：

一是注重策划。当期杂志封面及关注的专题策划为纪念抗战胜利 70 周年，因此从“卷首”到“关注”再到“天下”，各栏目中的理论评论文章选题大多围绕这一主题，从不同角度、不同方式形成贯穿杂志的“立体式”评论，策划感明显。

二是加强原创。过去，由于《南方》杂志采编力量侧重于时政报道，理论评论主要依靠外稿。今年以来，南方杂志社将时政部改为时政理论部，打造杂志社自己的评论员队伍，加强杂志理论评论文章的原创性。目前，杂志原创（含原创写作和原创编辑）的理论评论稿件已接近 50%，通过加强原创稿件有力提升了“南方声音”的分贝。

三是篇幅加大。《南方》杂志理论评论文章的篇幅绝大多数在 1P 以上，2015 年第 17 期杂志刊发的《中共广东党组织在抗战中的特殊贡献》达到 3P，文章深入浅出地论证了中共广东党组织在抗战中的贡献，不仅篇幅长而且质量高，旁征博引、分量十足。过去《南方》杂志每期的理论评论比例大约仅有 15%，通过 2015 年的改版，目前杂志每期正刊上的理论评论比例已经提高到 40% 左右，超过国内同类党刊的平均水平。

2. 理论季刊：从无到有的全新创举

思想是《南方》杂志理论报道的高度所在，而理论就是思想最好的承载和体现。理论季刊是

《南方》杂志历史上的一次创新，2015 年 6 月首期理论刊推出后获得各界广泛好评。

2015 年 6 月 18 日，《南方》杂志推出首期理论季刊，这是《南方》杂志首次推出纯理论刊物。理论季刊设置了《南方社评》《封面观点》《理论学人》《前沿话题》《党课参考》《党史镜鉴》《领导科学》《行思》专栏等栏目，精神气质上与传统杂志一脉相承的同时，又更有理论的沉静、冷峻。内容上聚焦理论课题、理论前沿；封面设计采用更有理论色彩的冷静、冷峻风格；内文版式清爽干净，让人耳目一新。

为了使理论季刊充分体现理论的厚度和沉淀感、分寸感，《南方》杂志把理论季刊的出版周期定为每三个月一期，为编辑记者提供了充分的酝酿打磨时间，可谓厚积薄发。为了保证首期理论季刊的质量，社内调动所有采编力量，在正刊出版之余，先进行一轮模拟刊的内部“演习”，事后充分研讨，度量得失，确定风格。从综合类党刊到推出理论季刊，《南方》杂志没有增加出版成本，却改出了耳目一新的新风格。

2015 年 9 月 25 日，《南方》杂志第二期理论季刊推出，约请胡鞍钢、迟福林、汪玉凯、汪同三等国内知名的专家学者和领导干部通过专访或专稿的形式共同解读“十三五”规划，内容厚重权威，板式新颖美观，深受读者和社会各界好评。

《南方》杂志理论栏目和理论季刊在从无到有、由常及专的过程中，多方探究，有针对性地强化五种意识进行谋篇布局：一是理论性与探路意识，探求党刊的核心价值；二是理论性与阵地意识，踩准理论宣传的鼓点；三是理论性与实践意识，接上南粤实践的“地气”；四是理论性与读者意识，打造不艰涩的阅读体验；五是理论性与服务意识，打造党员学习交流园地。

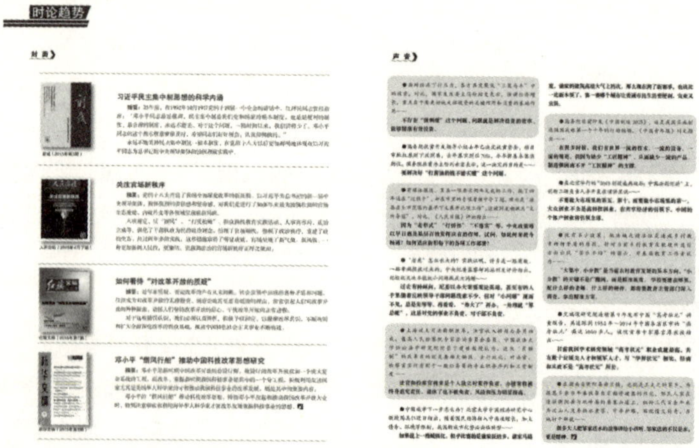
时论趋势

封面

习近平民主集中制思想的科学内涵

关注官场新秩序

如何看待“对改革开放的质疑”

邓小平“借风行船”推动中国科技改革思想研究

声音

下一步，《南方》杂志还将进一步改进理论季刊的报题流程、选题机制等相关工作，完善理论专家作者队伍和约稿模式等。除此之外，为了满足更大的“理论需求”，南方杂志社正在加强调研论证，计划在目前《南方》杂志出版格局下加密理论刊出版频次，在总结理论季刊成功经验的基础上，打造一份全新的理论刊物。

为《南方》杂志第二期理论季刊撰稿的部分专家学者及领导干部

（按杂志文章编排顺序）

撰稿形式	姓名	身份简介
专访	胡鞍钢	清华大学国情研究院院长、中央“十三五”规划专家委员会成员
署名文章	迟福林	中国（海南）改革发展研究院院长、“十三五”国家发展规划专家委员会成员
署名文章	汪玉凯	国家行政学院教授、博士生导师，中国行政体制改革研究会副会长
署名文章	汪同三	中国社会科学院学部委员、发改委“十三五”规划专家委员会成员
署名文章	王　珺	广东省社科院院长
署名文章	周永章	中山大学地球环境与地球资源研究中心主任
专访	郭万达	综合开发研究院（中国·深圳）常务副院长
专访	纪宗安	暨南大学原副校长
署名文章	党国英	中国社会科学院农村发展研究所研究员
署名文章	丁　力	广东省社科院竞争力研究中心主任
署名文章	谭炳才	广东省政府发展研究中心农村处处长、研究员
署名文章	张海梅	广东省委党校省情研究中心副主任、教授
署名文章	谭扬芳	中国社会科学院科研局研究员、“新媒体管理与舆论导向研究”课题组成员
署名文章	郑雁雄	广东省委宣传部常务副部长
署名文章	张宇航	广东省人大常委会委员、省人大教科文卫委副主任委员

3. 新媒体集群：有效提升内容传播力

除了在传统纸质刊物上加强理论评论建设以外，“党刊 +”理念下理论评论的底色不仅在纸质刊物，还要占领新兴媒体阵地。

政坛网是南方杂志社近年来精心策划推出的政务互动舆论平台，也是杂志社布局媒体转型融合的基础平台。2015 年 2 月，政坛网启动改版升级，计划通过三年左右的努力，将政坛网初步打造成有一定影响力的开放互动平台，由领导干部资料数据库、舆情系统、问政平台以及专家资政智库等系统有机组成。

《南方杂志》微信公众号10月25日（星期日）—31日(星期六）发稿统计

	25日	26日	27日	28日	29日	30日	31日	合计
时政评论		2	1	1		1	1	6
政策解读		1		2		1	1	5
理论文章		1			2			3
数据图解					1	2		3
文史参考			1	1				2
文化评论			1				1	2
书评书摘	1				1			2
人物专访	1							1
征文选登	1							1
动态新闻			1					1

2015年年中，定位于“专注政治、政坛、政策，分享思想、理论、观点”的《南方杂志》微信公众号上线。作为杂志社传统采编业务和新媒体采编业务融合的工作抓手，南方杂志微信公众号突出思想性和理论性，内容上以针对党员领导干部读者设计的时政评论、政策解读、理论文章等为主打，与纸质刊物共同形成有“南方特色”的理论评论内容产品，微信公众号阅读数、订阅数稳定上升。

2015年10月23日，由南方杂志社与南方日报、南方网联袂推出的“南方+”客户端正式上线。根据《南方》杂志的定位和资源优势，杂志与客户端共建“学习频道”和“人事频道”。其中，“学习频道”是针对公务员群体领会贯彻大政方针、提升执政能力、提高个人修养与业务水平的学习平台，由杂志和集团相关采编部门组成项目组，进行专业化梳理，为客户端用户提供移动互联网的理论学习内容产品。《南方》杂志理论评论产品的内容传播力，通过网站、微信、客户端等新媒体集群的整合，有了较大的提升。

4. 南方资政智库：资政咨询和理论研究“云平台”

依托《南方》杂志理论媒体集群，南方杂志社正在筹建南方资政智库，计划邀请在全省乃至全国具有一定影响的理论界、经济界、社科界专家学者，为广东各级党委政府在经济社会发展方面提供决策参考和资政智力支持，并通过政坛网建立智库云平台，为南方经济研究院、南方基层学堂提供智力共享，立体打造具有南方特色的理论高地。

党的十八届三中全会首次提出“智库”概念，今年中央全面深化改革领导小组第六次会议又为“加强中国特色新型智库建设”勾勒了具体蓝图。但是，在实际建设中，存在官办智库“大而不强”、高校智库“曲高和寡”、

民营智库“弱而无力”的尴尬局面。“党刊 +”智库，除了能解决上述问题，还能增强智库的成果发布能力、资源整合能力、成果转换能力。

南方资政智库，就是在“党刊 +”理念下，加强理论评论平台建设的重要抓手。《南方》杂志在多年的工作积累中，既积累了较为丰富的专家学者资源和智库成果资源，又可以利用自身的传播优势，利用和建立成果的发布平台，还可以利用多年来积累的省直部门、地市区县的政务资源。如果充分将各种资源整合起来，结合时政理论的专业性，打造广东省首家政务智库，当好各地市、区县提高政务水平的参谋助手，可尝试探索出一条新型媒体智库的建设路径。

南方经济研究院立足于广东经济社会发展，整合专家团队研究资源，为我省各级党委政府提供资政咨询服务。南方基层学堂结合各地基层实际和工作需要，为基层提供“订单式”特色培训服务，未来还计划开设网络培训产品，与《南方》杂志新媒体集群形成联动。

结语

舆论阵地在哪里，党刊就要在哪里。在移动互联网时代，南方杂志社关于理论评论建设方面的探索与思考，是主动适应媒体转型融合的发展要求，更是坚守党刊使命的自我提升。通过加强理论评论建设，南方杂志社不断提高立体化传播能力和思想服务能力，逐步把理论阵地由一本单一的纸质刊物向基于融媒集群的资政智库转变，将《南方》杂志打造成为广东独具价值的思想理论阵地和党员干部学习园地，探索一条属于自己的党刊“南方模式”。

（作者戎明迈系南方杂志社办公室常务副主任；林若川系南方杂志社社文部副主任）

面向互联网 做好“转、推、选”

——揭阳日报网络评论影响力的发展探索

□陈自信 方壮洪

陈自信

评论，被称为报纸的灵魂和旗帜，在某种意义上，它代表了一家报社的立场、观点和主张。可以说，一张没有评论的报纸，其政治价值和社会影响力是极为有限的。1919年，青年毛泽东在湖南创办报纸，报纸的名字更是直截了当地叫做《湘江评论》。

党报在中国已有90多年的历史。党报的评论，有光荣的传统，有强大的影响力、号召力和极高的美誉度。在中国，广大读者往往是从党报的评论中，感知到政治形势，探触到经济脉搏，领略到社会动态的。党报也惯用评论的方式，宣传贯彻党的路线、方针、政策，统一干群的思想，引导人们的行动，推进工作的实施。党报的评论，也以其鲜明的新闻性、政论性、疏导性和民主性等特征，以其用新闻事实说理、事理交融的文章风格而深受读者的信赖。

揭阳地处广东欠发达地区，建市虽然20多年，但“人口大市、经济弱市”的状况依然未能改变。《揭阳日报》作为一份党报，发展的过程与当地经济状况息息相关，也具有很强的代表性。20多年来，揭阳日报的评论，在发展思路、传播效果等方面，进行了不懈的探索。

掌控制高点

报纸也叫做新闻纸。我们深知，《揭阳日报》的权威性、影响力和传播力，

时评 04

职称英语"阑尾"该切掉了

"五毛食品"已成校园公害

闯红灯入征信宽不宽

信用惩戒合情合法

行政管理急功近利

对高空抛物应"零容忍"

粤东新闻

汕潮揭联手打击"营转非""克隆"客车

"村官"监守自盗尝恶果

汕头出现今年首例登革热

时评 04

你的国庆假期过得好吗?

为绿色出行提供更多便利

不让托管班"脱管"就要跟进监管

粤东新闻

长假过了,上班族"惧"上班

潮州设立中小微企业贷款风险补偿基金

梅县警方成功打掉"花篮托"诈骗团伙

开展西部五镇禁毒缉枪大清查

主体上取决于新闻宣传的高度、深度和广度，取决于采编工作的“三贴近”，但思想观点的引领，应该是报纸掌控舆论主动权的主阵地和制高点，而守住主阵地、抢占制高点的最有力武器则无疑是评论。

当下新媒体发展日新月异，自媒体铺天盖地，人们发出言论、表达意见、交流观点、宣泄情绪……拥有极大的空间和平台。人人都有话筒，人人可以发声。多元自由的话语形态，一方面标志着时代的进步和思想文化的开放，一方面也使“公说公有理、婆说婆有理”的喧哗不可避免。浏览过网站论坛的人，对这方面的感受，应该最为深刻：唇枪舌剑，有长篇大论、也有碎言片语；有正面的、有负面的、有理性的、有不负责任的，甚而还有唯恐天下不乱的。

在这样的背景下，党报评论，显然应该站在最前沿，解疑释惑，激浊扬清，发出好声音，传递正能量。

就区域性而言，《揭阳日报》抢占当地舆论制高点，既是自身的使命、职责和担当，又是传媒市场的较量和角逐之所系。

综观《揭阳日报》的评论，最显著的特点是量多面广。20多年来，《揭阳日报》历经近10次的改版，一些专版被不时淘汰、调整、更新，但评论的分量，只有增强，没有削弱。很多时候，《揭阳日报》出现天天都有评论、每个版面都有评论的情况。

《揭阳日报》的评论布局，是“软硬兼施”，开花散叶。“硬”派是指传统常规的社论、评论员文章、短评、编者按、编后语等。“软”派是指各个版面常设的评论栏目，如要闻版的《大家议》、民生版的《百姓观点》、农村版的《独立田头》、文化版的《沙滩碎语》、读书版的《书斋絮语》、榕城版的《岐山观察》、揭西版的《北山茶话》等。

2014年，《揭阳日报》还推出评论专版，每周一期，逢星期四出版，进一步强化党报评论的气势和声势。

《揭阳日报》的评论能做大做强，得益于两点：一是报社有写评论的良好氛围，早期到报社工作的采编人员，几乎人人会写评论，乐意写评论。有些写了20多年评论的编辑记者，至今仍激情不退、锐气不减。二是揭阳人文积淀深厚。文化人众多，并且热心向报社投送评论文章，保证了报社评论的稿源供给。《揭阳日报》的不少评论，因为种类多样、内容丰富、观点独到、文风朴实、语言生动而深受读者的喜爱。多年来，在广东新闻奖和中国地市报新闻奖中，年年都有评论文章或评论栏目获得各种奖项。

时评 04
不能提前入校，别让安全迟到
坚决出拳 让"假名牌"无容身之地
"拾金不昧奖10%"是对善行的肯定和引导
为下乡租地种菜的"城市农夫"点赞
粤东新闻
私家车跻身"滴滴"营运，你敢约吗？
秋季过敏性鼻炎高发
尾随取款人盗取车内财物
南澳10渔船"火烧连营"
货车侧翻一人被困

搭建大平台

互联网时代，报人早已形成共识，党报的评论声音，仅有报纸的传播，是远远不够的。只有把报纸的“楷体字”写到互联网上、写到新媒体上，才能让主流声音、权威声音的传播效果实现最大化，才能保证报纸在激烈的市场竞争中立于不败之地。

尽管受到人才、技术、资金等诸多条件的制约，揭阳日报社还是顺势而为，以时不我待、舍我其谁的气魄，从2006年起，先后创办上线了手机报、新闻网、微博、微信公众号等一批新媒体，还计划在条件许可的时候上线移动客户端。

时评 04
精神赡养不止需要"法律保姆"
网络语言别拿低俗"任性"
别让幼儿作业变成"拼爹作业"
车窗抛物，毛病小危害大
向"虎妈狼爸"说不
粤东新闻
汕头：用失业保险基金支持企业稳岗
开展社会用字检查清理工作
11座面包车塞23名小学生
潮阳警方依法抓捕3嫌犯
拆屋顶瓦片入室行窃
遛狗不拴链 市民意见多

有了新媒体，建起大平台，该如何运作，如何让党报评论借助高科技而广揽受众、直指人心？为破解这一命题，揭阳日报社从这几方面进行了探索，归纳起来，主要是做好“转、推、选”——

“转”是指精心嫁接、多次传播、大量转载。报纸发表的评论，都第一时间在网站、手机报、

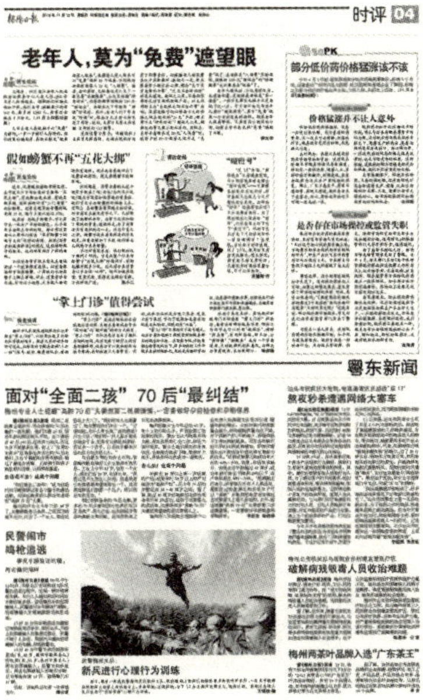
时评 04

老年人，莫为“免费”遮望眼

部分低价药价格猛涨该不该

假如螃蟹不再“五花大绑”

价格猛涨并不让人意外

是否存在市场操控或监管失职

“拿上门诊”值得尝试

粤东新闻

面对“全面二孩” 70后“最纠结”

新兵进行心理行为训练

破解病残吸毒人员收治难题

梅州两茶叶品牌入选“广东茶王”

时评 04

春运又来，铁总的“功课”准备好了么？

多措并举治理客车超载

彻底铲除“手机牛皮癣”

别让防盗窗堵死了生命通道

鼓励商家更换验钞机

粤东新闻

凤城街头摩托车驾驶陋习频现

潮惠高速（陆河东段）有望年底通车

南澳3大景区下月起实施新票价

平远发现铁质牛状文物

潮州广济桥向市民免费开放

微博、微信上推送，从而实现了资源利用和传播效果的最大化。当然，在嫁接报纸的评论时，我们会按新媒体的特点和传播规律，花心思对文章进行新的包装，比如改标题，加图表或者照片、漫画之类，让受众爱读、悦读。

大量转载方面，以揭阳新闻网开设的“时评”频道为例，这个频道，自 2008 年开设至今，一直摆放在首页显要位置，每年转载的各类评论文章超过 8000 篇，点击量一直很大，效果很好。我们为什么要转载那么多评论呢？道理很简单，《揭阳日报》作为地级报，原创的评论绝对满足不了新媒体无限量的空间；另外，转载的评论来自中央、省、地市的官方媒体，无论选题、立意，还是写作技巧，都是高质量的，其作用和影响力往往超过我们的原创评论。更何况，互联网时代，受众的视野本来就是开放和广泛的。

“推”是指精准推送。新媒体的传播是有规律的。揭阳新闻网上线半年后，网站服务器的数据显示，每天上午 9 时至 11 时，下午 3 时至 5 时，有两个点击高峰，直至现在，这个规律依然存在。为此，我们的编辑人员就抢在上午 9 时前和下午 3 时前大量更新推送稿件。微信公众号则选择在下午 5 时左右发布，利用这个时间点，大家工作不太忙，可看看微信放松一下。

“选”是指选准时机，做出特色，重在打造借势传播。揭阳的自媒体发展迅猛，一批论坛网站、微信公众号都非常活跃，影响力不小。自媒体的内容大部分是议论和观点，而且大多涉及敏感热点问题。针对这种情况，我们充分发挥机关报的固有优势，于 2008 年 12 月，借助话题、借势传播，有效引导舆论，在揭阳新闻网论坛开设了“向市长说说心里话”版块。市长亲任“版主”，直接或组织有关部门回复网友的问题。作为配套，揭阳新闻网也相应组建了一支 20 多人的网评队伍，负责网评、跟帖等工作。手机报、微博、微信也主动出击，联合作战。在新媒体上大放主流声音，让党报的观点和主张在新媒体上一锤定音，提升了党报的气势，壮大了党报的声威。

“沉舟侧畔千帆过，病树前头万木春。”在这个风起云涌的互联网时代，媒体人面临的，既是挑战，又是机遇。我们坚信，以党报的深厚底蕴，以一代又一代报人的智慧，通过改革创新、通过探索努力，党报一定能够勇攀高峰，赢得未来。

（作者陈自信系揭阳日报社社委；方壮洪系揭阳日报记者）

传媒热点「内部创业」

传媒热点「内部创业」

媒体内部创新孵化的冷思考

□徐园

徐园

哈佛商学院教授、“颠覆大师”克莱顿·克里斯坦森在研究企业创新时发现，那些精于管理的大公司，在面对某些市场或技术的变化时，却无法保持其领头羊的地位。为什么在行业转折点中，新公司往往能够出奇制胜？克里斯坦森提出了破坏式创新的理论。颠覆式创新往往发生在：1.一开始产品性能较差，毛利率较低；2.新产品客户往往不是大公司的原有客户；3.一开始的市场很小；4.新产品的研发和业务流程，往往和原有产品有很大不同；5.两种文化不能兼容。而当破坏性创新的产品已经成气候，就开始侵蚀大公司原有产品的市场，此时新公司已有了技术和积累，根基稳固了。

那么，这真的是没有办法改变的吗？克里斯坦森给出的答案是为破坏性业务选择合适的组织做根基，路径有两条：一条是创造新的能力；另一条是购买新的能力。这也是为什么硅谷大公司和中国的互联网公司乐于战略投资一些具有新型业务模式的创业公司的原因。事实上，他们也在内部容忍试错，进行产品的秘密孵化，比如阿里内部的“赛马”机制，比如微信在腾讯内部的诞生。

所谓创造新的能力，是从创建管理人才优势、创建新流程、创造新的价值观上来实现。在这里，我们已经为媒体内部的创新孵化找到了理论依据：这是一个在原有的框架之外，进行价值观、流程和人才重新再造的过程。由此，浙报集团把内部新媒体创新孵化作为推进媒体融合发展的重要抓手，依托集团资源、技术和平台优势，打造媒体内部融合的孵化器，力图成为撬动与互联网融合发展的新支点。

热启动：将孵化概念引入媒体内部

浙报集团传媒梦工场将 Y Combinator、创新工场的孵化概念引入传媒业：我们坚信，在技术工具化的趋势下，人文领域的创业也必将像计算机领域一样层出不穷，具有巨大的潜力。而之后几年，传媒业的裂变与发展也一直印证着当初的判断。

资源、流程和价值观，是一些组织在市场上获取成功的保障因素。在一个组织的鼎盛时期，获得成功所沉淀的经验和能力，会被升华到操作流程和价值观的层面，被逐步固化下来，直至成为一种文化。传统媒体在遭遇互联网冲击之后，求变却步履维艰，问题就出在这里。在过去的黄金岁月中，传统媒体的能力已经被升华到操作流程和价值观，根植于文化中。

那么如何打破既有习惯，重塑操作流程和价值观？当初引入孵化，是希望挖掘外部的“创新因子”，经过培育孵化后，重新注入产业内部。然而，如果不能从组织的流程和价值观层面进行变革，那么这种创新便是一种“补充式”的。所以，2013 年年底至 2014 年年初，浙报集团领导层开始探讨将孵化引入集团内部创新的可能性。在当初的设想中，这是一个比较易操作的小切口，从一个局部的个体出发，创造新媒体发展匹配的环境和流程，打破原有传统媒体和新媒体两套人马、相互割裂的模式，推动真正的深度融合。

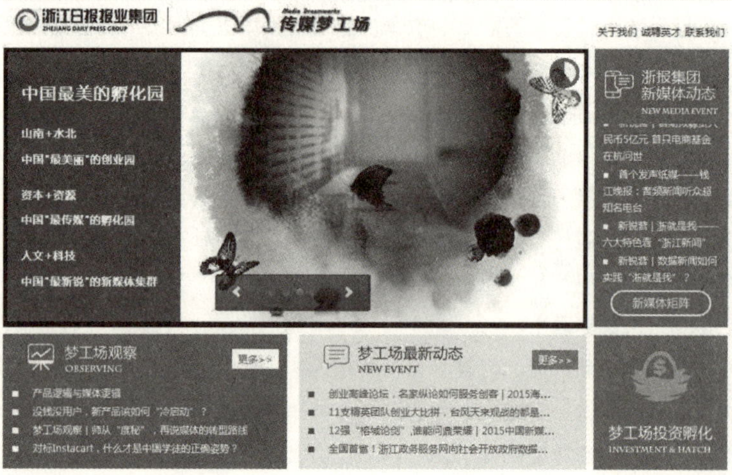

之所以称为“热启动”，是因为当时整个浙报集团拥有启动孵化的各种有利条件：

第一，思想准备。2013 年是浙报集团的“全媒体元年”。在年底一轮全员主题培训之后，集团内逐步对未来发展战略形成共识：在以用户为中心的基础之上，形成新闻资讯、数字娱乐和智慧服务三大主线，进行垂直领域和区域性的“新闻 + 服务”平台化探索。这一方面为创新孵化提供了方向——新闻 + 服务，另一方面也做好了动员的思想准备。甚至当时一些孵化项目的创意，就是在全员培训期间的课题中萌生出来的。

第二，孵化积累。传媒梦工场孵化基地从 2012 年开始运作，已经有了两年的实体孵化器运作经验。通过市场化的方式，对 TMT、新媒体领域的新创企业进行筛选，入孵企业享受一套从工商注册到人事、财务、法律相关的创业综合服务。这套经验反过来又能应用于集团内部，用市场的方式筛选和培育项目，使其具有与外部项目同等的市场竞争力。

第三，项目基础。2013 年恰好是微信的发展年，各个媒体在微信上开始有一些探索，也发现了它作为一个引流和用户服务平台的价值。而传媒梦工场也投资了几个发端于微信、具有媒体属性的垂直领域项目。各个子媒的探索、微信深度发展的机遇，都需要某种形式的载体进行鼓励和深化。

正是在这样的一个良好的基础之上，2014 年年初，浙报集团的创新孵化大赛启动，第一次以集中制的方式选拔优秀项目种子，集团层面投入 2000 万元资金用于项目的孵化。

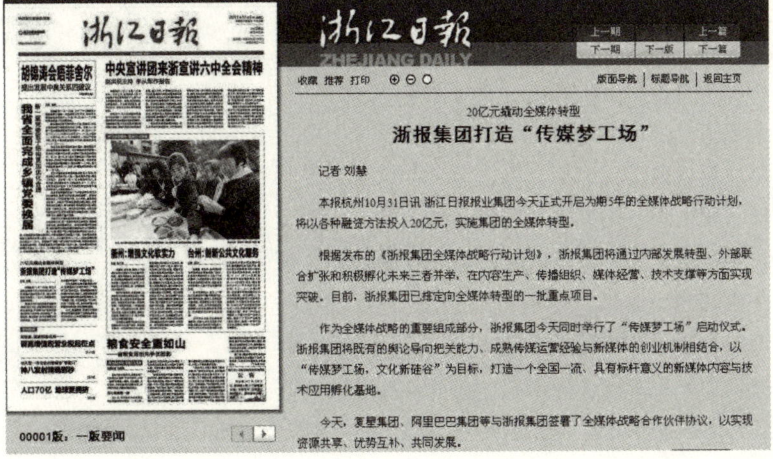

浙江日報 ZHEJIANG DAILY

上一期 下一期 下一版 上一篇 下一篇

收藏 推荐 打印 版面导航 | 标题导航 | 返回主页

20亿元撬动全媒体转型

浙报集团打造“传媒梦工场”

记者 刘慧

本报杭州10月31日讯 浙江日报报业集团今天正式开启为期5年的全媒体战略行动计划，将以各种融资方法投入20亿元，实施集团的全媒体转型。

根据发布的《浙报集团全媒体战略行动计划》，浙报集团将通过内部发展转型、外部联合扩张和积极孵化未来三者并举，在内容生产、传播组织、媒体经营、技术支撑等方面实现突破。目前，浙报集团已排定向全媒体转型的一批重点项目。

作为全媒体战略的重要组成部分，浙报集团今天同时举行了“传媒梦工场”启动仪式。浙报集团将既有的舆论导向把关能力、成熟传媒运营经验与新媒体的创业机制相结合，以“传媒梦工场，文化新硅谷”为目标，打造一个全国一流、具有标杆意义的新媒体内容与技术应用孵化基地。

今天，复星集团、阿里巴巴集团等与浙报集团签署了全媒体战略合作伙伴协议，以实现资源共享、优势互补、共同发展。

00001版：一版要闻

硬改造：孵化闯关倒逼基因重塑

到目前为止，浙报集团的创新孵化项目筛选，已经从大赛式的集中申报，变成常规申报。从第一批项目正式入孵，至今已经实施孵化项目 21 个。第一批孵化目标用户总数 82 万，实际完成 211.5 万，平均完成率达到 350%，打造了“升学宝”“杭州吃货”“浙江名医馆”“杭州动动帮”“Art 一点”等一批有强大用户群体和市场需求支撑的优秀项目。

2015 年，创新孵化开始常态化、制度化，集团旗下各板块的新媒体探索项目可随时提出孵化申报。今年第二批项目中“浙江日报有风来”通过内容创新增长 15 万用户，实现了在新媒体布局框架下内容生产力的提升。

由内部孵化所引发的困难或挑战，有些是我们所预见的，而有些则是没有准备或者准备不够充分的。一个矛盾被打开，N 个矛盾浮上来。但是矛盾的破解过程，就是我们真正从内容、渠道、平台、经营、管理等方面与互联网深度融合的过程。

深化“以用户为中心”的思维。用户思维怎么体现？首先是从聚拢用户、黏住用户做起。集团最终确认以用户指标作为最主要的考核指标，所有的项目负责人签下“军令状”。当然，制定每个项目目标的时候，也有过争论：每个垂直领域的情况有所不同，用户的价值是否能够一概而论？还有一些项目负责人对下达的用户考核数不解，出现畏难情绪。但是最后，除个别项目之外，入孵项目均完成了用户指标，项目最高目标完成率达到 2521%。这期间，有过用户增长一时停滞不前的焦虑、有过活动增粉带来的身心俱疲，想过开发 H5 游戏、进行评选、

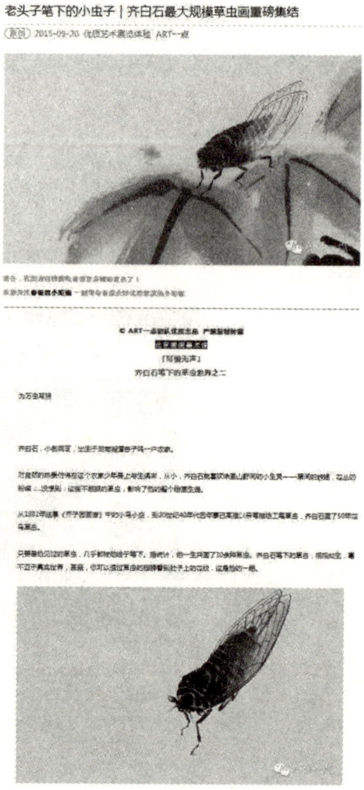

奖品刺激等方法。但是，最终无论是用优质内容培养用户品性，还是活动后掉粉对活动规则的重新构想，都让原本媒体的编辑记者，有了深切的用户思维和从实战中积累的用户感觉。

事实上，敢于以用户数，而不是经营收入等更硬性的指标去考核项目，在于我们对于媒体商业模式的重新认识。新闻不直接产生收入，要用增值服务去变现。在集团的大生态内，用户是有 ID 的、流动的，他通过一个入口而来，会因为另一项服务而付费。在这背后，是集团层面正在加紧建立的用户数据库和资源数据库，让各个项目在内容、功能和流量上可以互利互导互用。创新孵化项目都不是独立的个体，只有在集团的大生态里才能得到更有机的发展。通过产品、项目牵引，逐步构建出围绕浙报集团的生态环境。

当然，吸引用户只是第一步。未来还需要更加精确地估算这些用户的价值，实现对用户的画像、分析，在不同主体间形成比较合理的利益安排，这样才能让用户资源在整个集团内流动起来。

让内部流程服务于产品创新。一项新业务的开展，总是会挑战原有固化的流程、做事方法。具体到孵化实践，可能是采编的考核制度，可能是财务制度，也可能是人事制度，或者仅仅是原来遵循的办事规则。孵化创新伊始，集团党委多次召开专题会，讨论通过了《浙报集团新媒体创新孵化管理办法》及实施细则，保障了牵涉人力、财务、固定资产采购等一系列常规管理制度的创新和实施。考虑到大部分项目负责人均只有采编经验，对人力、财务等并没有更多深入的了解，所以采取了孵

化经理制度。每个项目，配合一位运营孵化经理和一位技术孵化经理，共同协调有可能出现的人员资金给付、运营策略、重大项目合同讨论、产品提升方向和预算等诸多问题。

从财务部门、人事部门，到后勤管理部门，为了让孵化团队了解集团运营规则，多次召开宣讲会，答疑解惑。但是这些孵化项目的负责人，一边要做版面，一边要运营新媒体，既要担心内容，还要操心运营琐事。新人如何吸纳？工资怎么发放？活动运营经费如何分配？一时间苦不堪言，压力巨大。这时，传媒梦工场基地孵化团队，以服务外部创业团队的经验，进行服务和沟通，加上孵化经理的配合协助，一步步打开缺口走通流程。而在这过程中，项目团队和负责人也成长起来，成为更加全面的跨领域人才。初步统计，浙报集团内参与创新孵化的团队人数达到 200 多。

但是矛盾和问题还在不断生成：孵化中的特殊政策，在项目孵化结束后如何延续？内部敏捷开发团队的支撑力量是不是足够？产品经理团队如何炼成？一系列新的问题又形成了。

冷思考：如何让孵化“驱动”媒体创新

内部孵化启动了人才、流程、价值观的重塑过程，但是就像一个雪球，或许在滚动的过程中越来越大，但也可能在半途中碰到山石、大树，被阻后也就消失不见。

然而互联网 + 是一股摧枯拉朽的力量，并不会因为一个人一个机构的止步不前就停止它对各行各业的改造。今天的公司和机构，或许明天还称之为公司和机构，但是组织形式、内

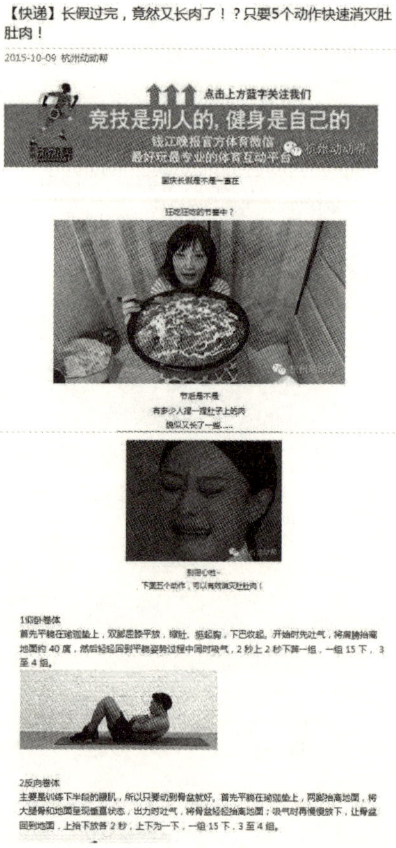
【快递】长假过完，竟然又长肉了！？只要5个动作快速消灭肚肚肉！

2015-10-09 杭州动动帮

国庆长假是不是一直在

狂吃狂吃的节奏中？

节后是不是

有多少人捏一捏肚子上的肉

貌似又长了一些……

别担心哈~

下面五个动作，可以有效消灭肚肚肉！

1仰卧卷体

首先平躺在瑜伽垫上，双脚屈膝平放，缩肚，挺起胸，下巴收起。开始时先吐气，将肩膀抬离地面约 40 度，然后轻轻回到平躺姿势过程中同时吸气，2 秒上 2 秒下算一组，一组 15 下，3 至 4 组。

2反向卷体

主要是训练下半段的腹肌，所以只要动到骨盆就好。首先平躺在瑜伽垫上，两脚抬离地面，将大腿骨和地面呈现垂直状态，出力时吐气，将骨盆轻轻抬离地面；吸气时再慢慢放下，让骨盆回到地面，上抬下放各 2 秒，上下为一下，一组 15 下，3 至 4 组。

上周末，本报微信号“杭州动动帮”送出土豪羽毛球场地大礼
年轻潮爸和90后美眉同时欢呼：
加了一堆微信号，终于等来“动动君”

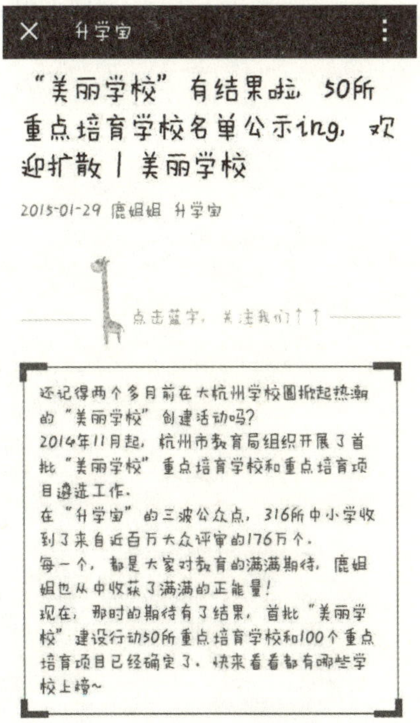

升学宝

“美丽学校”有结果啦 50所重点培育学校名单公示ing，欢迎扩散 | 美丽学校

2015-01-29 鹿姐姐 升学宝

点击蓝字，关注我们↑↑

还记得两个多月前在大杭州学校圈掀起热潮的“美丽学校”创建活动吗？
2014年11月起，杭州市教育局组织开展了首批“美丽学校”重点培育学校和重点培育项目遴选工作。
在“升学宝”的三波公众点，316所中小学收到了来自近百万大众评审的176万个。
每一个，都是大家对教育的满满期待，鹿姐姐也从中收获了满满的正能量！
现在，那时的期待有了结果，首批“美丽学校”建设行动50所重点培育学校和100个重点培育项目已经确定了，快来看看都有哪些学校上榜~

涵却已经截然不同，就像马车和汽车的区别。

如今，越来越多的媒体机构将创新孵化的理念引入转型融合的实践中，各种创业孵化器也浮出水面。但最终，创新孵化成功与否，不是评判成了多少个项目，而是创新孵化是否成为一个媒体机构真正成长的“驱动力”，孵化出它下一个三至五年的爆发性业务。在这个层面上，我们依然有很多未解决的问题或者说挑战。

第一，思考未来的组织形态、整体与各个孵化主体之间的关系。以报业来说，过去的媒体分类以城市、受众群体的年龄、身份等来进行，而且在特定时期形成了“第二张都市报”现象。主流传媒集团的出现应是始于 1996 年以后，以广州日报报业集团成立为标志，一般以省、市为范围，形成一定区域内的寡头垄断。但是，随着互联网对介质形态的打破，报业传媒的竞争已经多元化，集团内部的媒体布局已经变得越来越不合理。一张报纸就是一个单独核算的主体，这种不合理局面如何打破，显然需要顶层设计上的考虑。是否能通过孵化—整合的方式，突破现有不合理的媒体布局，形成更加清晰的产业、领域分工？或者未来的组织都是平台化的，那么在这个平台生态中，孵化主体和组织的关系又是什么？

第二，思考组织与人的关系，探索真正激发人潜能的机制。在过去的工业型组织中，强调个人是组织的一个零部件，强调分工与合作。在这样的机构中，个人的才能是未被最大化的，价值也是被平均化的。但是孵化这种模式，却是强调个人才能与能力的，这些被发掘出的个体的价值如何衡量，如何给予他们应有的激励？在国有传媒集团语境中，一直讳谈个人持股和股权激励，如今在混改方案出台、国企改革引领大趋势大机遇的背景下，能否有新的突破？个人与组织间能否形成新的联盟关系？

第三，思考组织内生与外生动力的关系，探索内外结合的有效孵化。如果以上两点能够有效突破，那么完全可以考虑将组织外部的孵化和内部孵化结合起来，以市场标准判断项目、培育项目，最终也以市场手段进行资源整合优化。

（作者系浙报集团传媒梦工场首席研究员、浙江大学在读研究生）

以内部创业为契机推动组织生态革新

□贾肖明

贾肖明

随着资本泡沫和 TMT 热潮的涌起，媒体人创业的话题一下子火了。光 289 大院里出去的“前南友”们就打造了不少明星项目，如本来生活网、雪球、华尔街见闻等。虽然都知创业不易，但是前述成功的例子，让越来越多的媒体人蠢蠢欲动。

为了留住人才，把创新的火种留在组织内部，部分传媒集团陆续出台了内部创业的相关规定和举措。当然唱衰媒体内部创业的声音和理由也不少：缺乏商业经验、利益机制不明晰、国有资产流失风险……

如何辩证看待内部创业的“痒点”和“痛点”？ 2015 年来，21 世纪报系启动了“21+”创客项目，通过培训、比赛、设立专项基金等举措，激发员工的创新思维及创业热情，将其作为报系转型融合发展的重点战略之一。从“21+”创客的实践来看，鼓励内部创新创业是媒体转型的大势所趋。引入市场化机制，以内部创业为突破口，革新媒体组织生态，是应对互联网挑战的有益的尝试。

内部创业是伪命题？

在当前环境下，面临传统发展模式的瓶颈，媒体纷纷大力鼓励和支持员工创业，希望留住核心人才、推动媒体转型，但唱衰的声音却不绝于耳。

的确，随着自媒体的兴起和资本的泡沫，媒体人独立创业的门槛大幅降低，甚至凭借一个微信公众号，就可以获得几百万甚至上千万元的融资，却没有内部创业可能面临的各种掣肘。甚至有人宣称，媒体鼓励内部创业是变相减轻负担。

在笔者看来，媒体内部创业并非伪命题。对员工个人来说，财富和自我价值的提升未必一定要通过独立创业来实现。独立创业看上去很美，但最终失败的概率实际远远大于成功。随着资本市场进入寒冬，对创业者的考验将会更严峻。

芬妮集团创始人宗毅曾提出“组织裂变”理论，他认为传统企业如果能提供合适的“裂变”基因，员工平台创业的成功率比独立创业将更高；在帮助员工实现价值本身的同时，企业本身也将加速向互联网转型。

“微信就是腾讯最成功的内部创业。”在首期“21+”创客训练营上，著名天使投资人胡海波如是说。同样，在2014年海尔提出员工创客化的战略转型之后，内部创业已经颇具规模：2000多家创客小微公司在海尔的创业平台上孵化孕育，雷神笔记本、天樽空调等一系列创新产品都已经面世。

对媒体集团来说，也需要员工内部创业带来的正能量。内部创业团队的出现，能够有效整合组织资源，精准地掌握差异化的市场需求，及时应对市场需求做出调整，将采编、营销、技术等变成流畅的整体，从而更高效地应对新的媒体传播环境。

而内部创业比赛，不是简单的一场秀，而是脑力激荡、发现人才、探索转型的有效路径。首届“21+”创客大赛启动之初，项目组原本担心报名

者太少，但随后在短时间内便收到来自21世纪报系各部门、数十个团队的踊跃报名，经初步筛选，最后确定了14支团队进行参赛，其中汇聚了财经365APP、21G影视工作室、读联网版权交易维权服务平台、踢球吧、资产管理研究院、DM理财、汽车金融网等项目，不仅有21世纪在财经领域专业优势的延伸，如新闻客户端、数据信息服务，还有在文化、体育等多方面的尝试。参赛队伍按规定认真准备了商业计划书、项目介绍、路演方案等。不仅报系的管理层，不少外部专家评委都表示大开眼界。

比赛结束后，21G影视工作室、资产管理研究院、DM理财、汽车金融网等团队开始内部孵化，并在评委建议下，在管理、财务、营销、团队建设等环节上“补课”。

大赛评委、硅谷天堂董事总经理韩惠源在赛后特意发来邮件，建议大赛要持续办下去。其理由，一是通过大赛发现、挖掘具有企业家潜质和创业精神的内部员工或团队；二是推动报系和集团未来新媒体转型发展的思考与探索，提供转型思路和决策依据；三是通过大赛，发现、甄选有一定行业高度有发展前景的项目，为未来新媒体转型发展提供先行先试的经验和机会；四是盘活和利用报系及集团资源，吸引社会创业人才和资金，在统一平台上发展新媒体。

正是看中21世纪报系的媒体价值和内部的创新因子，经过多次磋商后，广东省内一家著名创投机构和21世纪传媒拟联手发起专项文化传媒产业创业投资基金，围绕21世纪报系内部优质创新创业项目和报系产业链上下游进行投资。

考核制度是内部创业的“痛点”

实际上，内部创业也曾是报业集团的成功路径。南方周末、南方都市报、21世纪经济报道都是289大院内部创业的产物。但问题在于，彼时正是平面媒体的“黄金时代”，“龙生龙，凤生凤”，成功基因容易得到有效复制。但在转型探索期，传统经验失效，各大报业集团鲜有重磅级的内部创业项目面世，问题出在哪里?

在个人价值更多以身家来体现的如今，产权设计是困扰内部创业的第一只拦路虎。著名新媒体观察人士魏武挥曾撰文指出，制约媒体内部创业的关键因素之一是产权设计。作为内部创业，如果创业团队对股份有要求，在股份配比问题上，媒体集团的平台和资源投入如何对价?媒体人的智力成果如何对价?都是现金出资，是否对创业团队公平?如何避免国有资产流失的风险?在魏武挥看来，引入外部投资者，以产业基金的形式对内部创业项目进行评估和投资，以市场化规则来运作，是解决内部创业问题的有效方式。

员工内部创业的贡献未必一定通过股份的形式来体现。在笔者看来，产权设计的核心原则在于内部创业的项目是否属于强媒体属性，是否严重依赖于现有媒体平台资源。如果是，这类创业项目过早股份化改造容易引起争议，不如通过职级待遇、项目激励等形式反而更为有效。

反之，如果内部创业的项目主要是依赖员工的智力资源，在初步孵化后，可以尝试联合外部投资者以基金的形式进行投资，媒体集团和员工的关系由雇主变更为股东，媒体在传播资源上给予一定扶持。参加“21+”

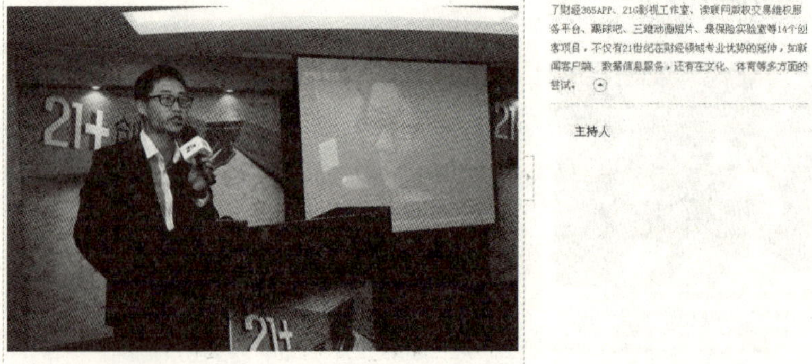

创客大赛的评委们的一个共同认识是，参投内部创业项目，员工必须跟媒体脱离关系，不能留有退路；同时国有性质资金参与要控制在一定比例。

笔者认为，除了产权设计，对媒体管理者来说，还有一个迫切需要解决的问题就是对内部创业的考核应更加以市场化为导向。当以流量、用户数为主要指标对互联网企业进行估值的时候，国有企业还以收入利润作为主要考核指标是否已经落伍？曾有一家国有上市传媒企业投资部人员负责收购一家游戏公司，资本市场高度认可，公司市值短期内大幅增长，但是因为游戏公司还在投入期就财务亏损，年终核算后该负责人年终奖被扣发，一气之下而离职。

“拍高双子”伴随战略国企改革
市值管理涌入“国家队”
21世纪经济报道
WWW.21SO.COM 21st CENTURY BUSINESS HERALD WWW.21CBH.COM
四大自贸区即将挂牌：共性与个性
亚投行的第二步棋
上市公司审计攻防战
第六届创业板发审委委员胡世辉被免
瓜达尔港已具备运营能力
“通往巴黎之路”：32个发达国家提交气候贡献
颠覆佣金时代：酒店预订转战大数据平台
底特律东部市场 城市重生的一抹微光

无论是内部创业还是独立创业，都离不开基本的商业规律：一是好的商业机会和模式；二是优秀的团队和带头人；三是产品开发和市场推广的能力。内部创业虽然不同于独立创业，但对带头人和团队来说，同样需要敏锐的商业眼光和系统化的综合能力，而这正是媒体人普遍存在的“短板”。在参加“21+”创客大赛的评委们看来，参赛的不少团队在项目路演时所展现的商业模式和团队能力，同创投公司的要求还有相当的距离。对此，比较有效的解决方式是系统培训。比如松下就曾经实施过这样一套制度：定期选拔出的通过初审的创业项目，在松下协助制定更详细发展计划的同时，创业的员工离开原岗位，接受松下提供的财务、管理培训。

21世纪经济报道
WWW.21SO.COM 21st CENTURY BUSINESS HERALD WWW.21CBH.COM
¥2元
1.88万亿两融暂无虞 2万亿活水援兵将至
土地专项审计结果待出：开发区成审计重点
央企重组方程式
港交所正筹备A股指数期货未有时间表
回购商品房作保障房宜从长计议
李彦宏直面转型：百度站上人工智能的风口
解码信托年报之“异动背后”
国务院发力电子商务 跨境电商衔接一带一路
港交所 望尽快推出A股指数期货
LIFE棱镜下的中国创新教育新面孔
电子商务

还有，就是对内部资源的调动能力。相对于独立创业，内部创业最大的优势是可以从平台中借力。内部创业团队成立后，具体运作过程中往往需动用企业内部的各种资源，如广告、渠道、技术。从现实来看，由于内部各个掌握资源部门的利益的不一致，同时创业者（团队）的能力（级别）有限，协调以取得各种资源成为一件并不容易的事情。

海尔电脑平台的负责人周兆林曾说过：“员工想创业，我的平台不支持；用户有创意，我的平台上没资源来实现。这些都是平台主的责任。”但以层级管理体制为主导的传媒集团，要有效打破旧有体系，切实服务于员工内部创业，恐怕非一日之功。针对这种情况，有必要建立具有一定权限的统一部门专职帮助创新创业团队协调内部资源。而从更长远角度来看，在内部建立更市场化的机制调配资源、分配利益，可能是比通过“行政手段”（统一部门协调）更为有效的解决方案。

构建平台化生态系统

对于报业集团目前普遍面临的困境，直接原因是报纸这种产品形态的发展空间在快速变窄，深层次的原因是传统媒体的组织生态已经不能适应新的传播特点和市场需求。笔者认为，尽快构建鼓励内部创业的机制，培育快速适应市场需求的项目团队，将媒体平台和政经资源化为滋养一系列产品群的生态系统，是大胆而有益的尝试。

互联网作为当前媒体业新兴阵地，竞争愈发激烈。对于国内媒体企业而言，多数从国有企事业单位演变而来，市场化程度与在市场上摸爬滚打起来的互联网公司相比有差距，响应市场机会的能力或多或少存在差距。媒体的组织形态还是以层级制为主，采编、经营、技术等部门也存在明显的“部门壁垒”。在层级制的组织机构下，各种决策都需要通过企业内部层层反馈，最终由高层做出。在这过程中，市场信息传导的失真、企业决策的反复、不同部门之间的扯皮，容易让企业丧失先机。

而在互联网时代，“小团队大生意”已经成为明显特色。例如图片分享应用开发商 Instagram 在 2012 年被 Facebook 以 10 亿美元收购时只有 13 人，而 2 年后其估值已超过 300 亿美金。

“互联网企业能够快速崛起的原因，是因为其项目制的特点同互联网时代的个体属性相匹配。”国内著名组织行为学教授陈春花女士指出，互联网时代重视用户体验，以结果为导向，产品迭代速度越来越快。对项目团队来说，更强调分工协作、强调结果，而非管理和分权。

实际上，越来越多企业已经开始以更灵活的内部创业机制来推动组织变革和企业转型。例如，华为的“三人战斗小组”、百度的“小团队制”、海尔的“员工创客”等一系列机制，都是企业打破原本职能制划分的企业组织生态创新。

精准地满足某种普遍、强烈、持久的细分需求，让用户对产品的形态、品质、更新周期均可形成稳定预期。钛媒体、华尔街见闻等垂直细分领域的自媒体快速发展的同时，也给我们带来了思考：能否把现在以板块为分工的团队培养为若干以产品思维主导的“小分队”，在为报纸和新媒体端提供新闻内容的同时，强化用户思维和产品思维，创新商业模式。在确保合法合规可控的同时，通过授权和扁平化管理，让媒体重现活力。

未来的一种理想状态是：依托媒体的优势，围绕细分领域建立“产品团队”，建立以之为基础的组织结构。这不仅不会削弱“传统新闻业务”的基础，反而因其“专注、专业”，更加贴近用户，更加具有活力。

21 世纪报系 2015 年 5 月建新媒体中心，下设创新孵化职能，中心在集中管理网站、APP、微博、微信等新媒体产品的同时，规划搭建平台，整合采编与技术设计资源、商业资源、渠道资源等，为有需求的产品团队搭建内部创业平台。中心还和报系投资部联手，为创业者提供必要的培训、协助项目取得内部资源，并且对有融资需求的项目通过基金实施投资行为，包括与外部投资机构的对接等。

（作者系 21 世纪经济报道副主编）

创业：既要有“互联网 +”，也要有“传统项目 -”

□王雅铄　范以锦

范以锦

当下，“转型创业”成为媒体业界的热词。笔者认为传统媒体转型创业不仅必须具备“互联网 +”的思维，同时也要有“传统项目 -”的观念，勇于抛弃不适应改革发展的项目或相关业务，为创业项目的开展构建良好的内部环境。

创业突围是互联网发展态势下的必然选择

传统媒体的转型创业，虽是陷入困境后的无奈之举，但从互联网的发展态势来看也是必然选择。

传统媒体曾有过坚守“内容为王”的辉煌岁月，经营好了内容就有了传播影响力，也就有了商业模式、赢利模式。如今互联网时代，多姿多彩的传播方式将传统媒体的传播淹没在信息泛滥的汪洋大海中。受新媒体冲击，2014 年我国报纸发行量下降了 25% 左右，报业赖以生存的广告市场连续 4 年负增长，出现“断崖式”滑落。近期又有《生活新报》《长株潭报》《上海商报》等报纸相继宣布停刊，传统媒体人不断外流。一些报刊停办，主因是经营困境。以内容营造影响力，再用影响力吸纳广告客户的注意力以获取广告投放的“二次销售”模式行不通了。媒体赖以生存的基础被动摇了，媒体人发展的空间也被挤压。媒体人不只是为了经济效益，还在乎能否拥有传播自己成果的平台。商业模式本身包含着用户的占有量，用户在哪里传播力就在哪里。没有用户的社交功能，许多新闻信息是传播不出去的。这样，媒体人少了成就感，多了失落感。媒体和媒体人经过一番折磨之后开始醒悟，继续死守原有的发展模式是找不到出路的。正是在这样的背景下，媒体创业潮也就轰轰烈烈开展起来了。

创业与互联网思维、“互联网 +”实践紧密相关。浙报集团作为国内较早开展全媒体战略行动计划的传统媒体，打造了国内媒体领域首个孵化器传媒梦工场。南都并读新闻独创的“读赚天下”营销模式，开创了读新闻直接赚钱的先河。美国应用 Snapchat 开启“阅后即焚”收费模式，准许美国用户付费观看已经被“焚掉”的好友照片、视频等消息。上海报业的新媒体项目、南方报业 289 艺术园区、羊城报业同创汇等相继落户生根，表明新辟创业项目已成为传统媒体寻求转型的另外一种可能的发展方向和路径。在充满挑战的移动互联网时代，媒体通过转型、融合跨界创业已成为不可逆转的潮流。

内部创业可以支撑传统媒体的可持续运营，帮助其实现利润逆势增长。传统媒体在发展过程中积累的大量存量资产，如品牌、公信力、读者资源、社会资源等，可以在内部创业时开拓新的商业模式，变存量为增量。2015 年上半年浙报传媒利润总额近 4 亿元，同比增长 5.15%，其中来自互联网的营收利润占比超过 50%。同样，重庆日报报业集团也在推进涉及商务、旅游、养老、文化地产、金融机构等 10 个重点产业项目的跨界合作，新的创利模式有效弥补了集团主业下滑的损失。

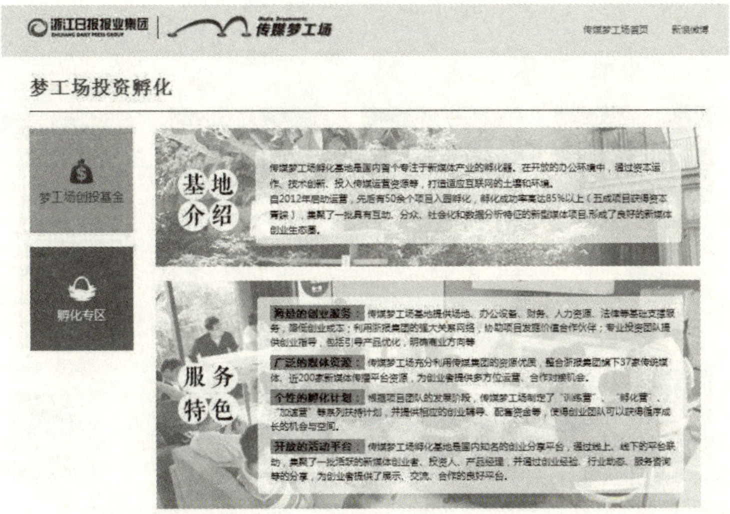

内部创业提升了传统媒体人的职业成就感和满意度。如今，“员工”的概念更加宽泛化了。和传统的与企业的隶属关系相比，更多地意味着与企业合作共赢的关系。管理层通过内部创业机制，让有想法、想实现自身价值但又不愿受传统条条框框拘束的员工为己所用，是激发员工创造力、留住人才的有效方式。通过内部创业，将个人的转型意愿与行业的转型升级需求有机地结合起来，有望实现双赢。

创业的几种类型

传统媒体的内容和渠道优势不断消失，盈利模式逐渐瓦解，探索新的商业模式、加快产业转型升级成为当务之急。在这过程中，内部创业的形式越来越多，包括媒体单位的主动出击跨界、跨行业的创业；媒体机构内部由管理层做出决策组织团队的创业；有在机构管理层号召下自行组建团队，集团考核之后予以扶持的创业；也有个人自行的创业，比如开个公众号开展营销活动。下面介绍的是有较好发展势头的做法，即作为媒体管理者有计划有组织的有一定规模的转型创业实践。这种做法主要有以下两种类型：

第一种是集团主导下的外生型转型创业。即通过对外投资方式收购具有一定战略投资价值的新产品和新业务，以期在体制外孵化新媒体，推动传媒转型。比如浙报集团打造的传媒梦工场新媒体孵化了虎嗅网、知微、微拍等项目，布局“新闻＋娱乐＋社区化”的全媒体平台。又如南方报业传媒集团的289艺术园区，拟以超两亿元的总投入将重心放在了文化艺术产业领域，全方位发展艺术酒店、会展、餐饮、美术馆、画廊、生活制

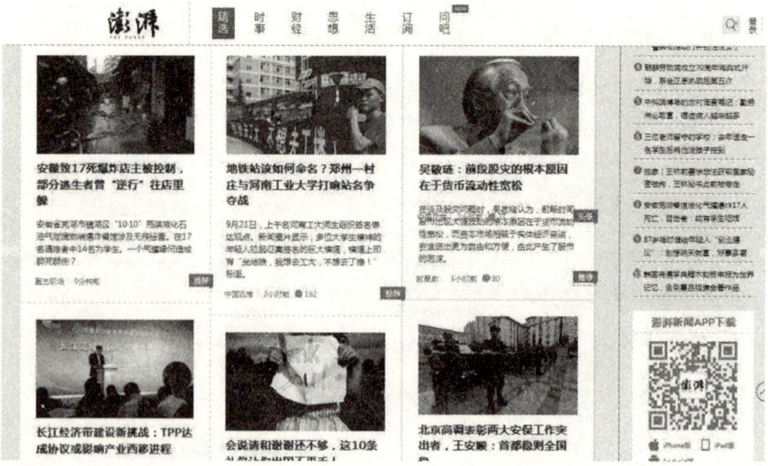

造业升级孵化等业态，致力建成一个“集艺术传播、艺术园区、艺术电商三位一体”的全媒体 O2O 艺术生态圈。

第二种是集团支持下的内生型共赢创业。这种创业主要分为线上和线下两部分。其中，线上的创业主要是研发 APP、微信公众号等新媒体产品。北京青年报在用户数涨一万奖一万元的奖励政策下，诞生了一系列优质公众号，如团结湖参考、政知局、教育圆桌等。澎湃新闻作为上海报业集团新媒体转型的试验田，树立起“专注时政与思想”的定位，上线后以《打虎记》等系列报道引发关注。“东有澎湃，西有无界”，新近上线的无界新闻客户端坚持“独立、独到、独家”，在“一带一路”的价值引导下，积极寻求中国媒体走出去战略。

线下的创业主要是指由集团内部策办、集团员工参与的创业项目孵化活动。在营销思路上，由集团全媒体营销管理中心牵头，整合集团所有媒体资源，开展区域性城市营销、景区营销、行业产品营销、活动营销。2014 年上半年，浙报传媒从上市公司拿出 2000 万资金在内部举办互联网创新项目大赛，吸纳体系内的员工广泛参与，并设置优厚的奖励和扶持政策；289 艺术园区集合了南方报业旗下媒体核心骨干以及文化艺术板块的主要负责人，由他们去筹备策划“289 艺见”“中国民艺复兴联盟”“艺术广州”大展等一系列艺术品牌活动。

“互联网 +”与“传统项目 -”并举

我们现在一提到创业就讲“互联网 +”。的确，许多非媒体的传统产

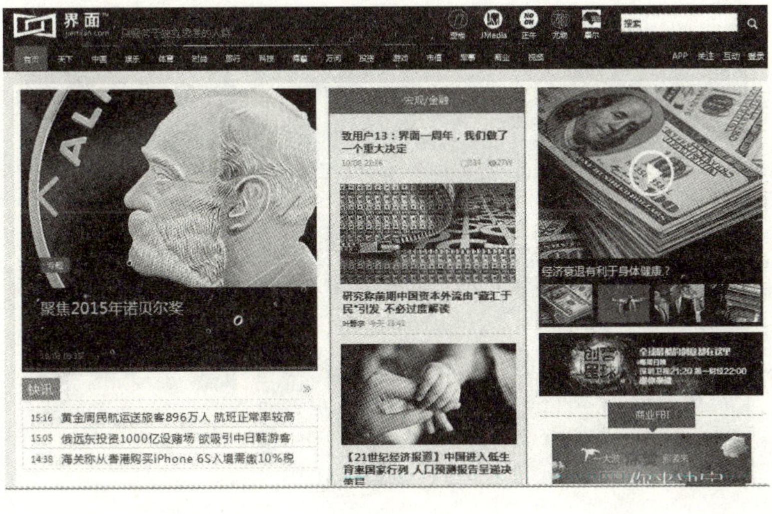

业已走在前头，“互联网 +”已卓有成效。媒体的“互联网 +”目前鲜有成功的经验，但大家都在积极探索中。

转型创业中需要厘清的是“+”什么？应该是“+”能够将原有的品牌影响力延伸的产业，包括上下游产业，不排除非相关业务的大跨界。但以相关产业为主更易成功，并且要与互联网嫁接。这才符合媒体转型发展的本意，即转型不是转行、转产。而且，互联网与媒体传播是联系最为紧密的，掌握了互联网的创业思维和创业实践，倒过来也可推动原有媒体发展，强化传播力。

然而，许多传统媒体马车的驾驶者在拥抱互联网时，却不顾一切地在原有的内部创业模式上做“加法”，不断投资新公司新产品、创建新闻客户端，再上微信公众号，却不重视做“减法”，包袱越来越重。

与“互联网 +”相对应的就是“传统项目 -”，两者应同时并举，也就是要推进“互联网 +”，就必须同时进行“传统项目 -”。所谓“传统项目 -”，应包括两方面：一是去掉没有发展前景的传统项目；二是去掉名为新媒体实为在传统思维指导下无发展前景的项目。传媒集团应在基于大数据确立的新媒体战略布局基础上，主动“瘦身卸包袱”，细分用户，立足新闻价值本位，提供针对化垂直服务，实现传统媒体的价值回归。

按照“传统项目 -”的思维视角，这种“-”有如下几方面：其一，应关掉不承担主流传播功能，既失去了传播影响力又无法维持正常经济运作的媒体。中国的纸媒本来就太多，死掉一批很正常。硬撑消耗人力、物力、财力，不如弃旧图新，走一条新的创业之路。自 2014 年来，全

国粗略估计已有超过 30 家纸质媒体停刊或破产。2015 年年初榆西报业传媒有限责任公司因经营陷入困境，宣布《榆林晚报》停刊，与所有员工解除劳动关系；于 10 月停刊的《上海商报》，则因为定位不准确、受众细分化程度不明显而陷入萧条。既然“生得不伟大”，为何还要“死得很窝囊”？传统媒体尤其纸媒，与其在亏损、讨薪和丧失读者群的窘境下被迫休刊，不如先发制人，大胆关闭不符合媒体定位和受众需求的报纸，将节省的人力、物力、财力投到有发展前景的其他领域去。其二，瘦身强身做精品。过去同行的传统媒体为了赢得竞争，由几个版发展到几十个版再发展到一两百个版。现在内容竞争不是靠拼信息，无须那么多版面。过去有些报纸面向大众，争取越广泛的读者越好；现在是小众时代，纸媒要为特定读者群体定制产品，定位务必准确。在这样的态势下，报纸版面不必那么多、发行量也无须那么大。其三，压减印报厂，调整发行方式。其实各报业印报厂印报的时间是相当短的，为什么大家都办印报厂并进行自办发行？是为了出早报、早发行。现在传统媒体之间已很难成为竞争对手了，早报当然需要，但再早也早不过互联网，只要能基本达到早的要求就行了。印报厂关掉一部分由别家代印，发行如果物流配送做不起来不如退回邮发。其四，减掉未取得成效的“+ 互联网”项目。早期很多传统媒体按传统媒体思维办了不少新媒体，有的项目重重叠叠毫无效果，该关闭的关闭，该合并的合并。其五，减去过多的传统的条条框框控制，使内部创业团队实现比较接近市场化的运作。市场需要的创业孵化与传统媒体的制度根基是存在冲突的。市场需要快速的

A06 都市圈

“戏聚会”进驻289艺术空间

或推出“戏剧疗愈”课程为都市白领解压及自我提升

南都讯 记者吴润凯 通讯员贝晓明 媒体界的精神高地——广州大道中289号向文创地标转身又有新动作。前晚，“‘戏聚会’广州新艺文化传播有限公司进驻289艺术空间启动仪式”在289艺术空间举行，“戏聚会”品牌项目正式启动。这标志着289艺术园区朝向多元、纵深的艺术业态发展。而小众化的戏剧未来如何融入市民的日常艺术生活？戏聚会艺术中心相关负责人表示，今后将在289艺术空间率先引进英国儿童教育戏剧理念，同时开设“戏剧疗愈”课程，作为都市白领解压及自我提升的新方法，从而让戏剧成为一种全新的成长方式和生活方式。

—双方签署战略合作备忘录。 通讯员供图

丰富园区艺术业态

率先引进教育戏剧理念

焦点

广州大道中289号：下一站，文创新地标

决策机制，需要责权统一的现代企业制度。创业项目若能以独立机构来运作，可以使创业活动不受母公司主营业务的管理认知和惯性思维的影响。组织结构的分化为创业单位提供了发展自由和经营自主，有助于内部学习和增加知识创造，从而获得突破性成果的几率更大。传媒梦工场一开始就是作为独立的市场主体运作，和浙报集团的传统业务相对独立、相互区隔，基本上由创业团队控股，既能发挥创业者的积极性，又能建立起适应市场需求的企业制度和体制，进而间接实现整个集团的新媒体转型。澎湃新闻以市场化为导向，整合多种产业资本，尝试多元股权方式。“热门话题”APP作为新京报混合所有制公司管理的内部创业项目，让管理层持股，让投资人控股，符合现在互联网公司的普遍架构。

“互联网 +”，“+”的是能力、动力、未来。相对而言，“-”也是一种胆识、谋略和发展。提出内部创业要“传统项目 -”，是为了更好地“互联网 +”——“+”出效益，“+”出实力，“+”出信心，“+”出影响力。

内部创业还需解决的现实问题

整体而言，传统媒体内部创业还处于试水状态，依然有许多现实的问题需要解决。

从现状来看，许多媒体所谓的内部创业项目还只是自己投入搞一些新媒体，如微信公众号。“互联网 +”可以有无数跨界的多元化项目创造产生，但是由于对新媒体认识不深，大部分传统媒体在内部创业的投入显得非常寒碜，在选择项目上也存在撒胡椒面现象，一次扶持好几个项目，每个项目投入多则几十万元、

上百万元，少则几万元。缺乏资金和人才，很难想象这些项目能在巨鳄盘踞的市场中起到多大作用。此外，有些媒体对创业项目急功近利，要求很快就见收益，这暴露了传统媒体与创业时代不适配。

一些传统媒体内部创业孵化的方式，虽然在多个关键节点上取得了一些创新性突破，但是目前能够摆脱体制机制束缚的媒体内部创业项目少之又少。受产权、投资方和内部管理机制等方面的制约，媒体内部创业项目牵扯多方利益，创业者难以进行独立决策。诸多不可控因素的存在，不可突破的底线的束缚，导致了创业公司无法真正实现市场化、实体化、公司化运作。激励和压力是促使创新主体不断创新的重要内在因素。创业是长线作战的艰难战役，需要一种有效的长期激励机制鼓舞创业者的斗志。激励不够、压力不足，也是纸媒内部创业面临的另一主要困境。除了宏观层面的困境，在微观层面，由于缺乏基础的技术支撑，作为传统媒体从业者互联网基因的缺失、玩票的创业心态等，决定了内部创业孵化离最终成功还有较大的距离。

虽然目前在“互联网＋”态势下传统媒体的新媒体延伸触角在各种领域都蕴含无尽的可能性，同样内部创业作为传媒集团转型新动向也面临着诸多现实挑战。然而，浙报传媒勾画的“传媒文化金字塔”模型还是具有借鉴意义：底层是最能吸引用户的大众娱乐和游戏，中层是包括教育、健康、旅游、求职等专业资讯服务，顶层则是新闻价值传播，上下贯通，融为一体。简而言之，基于“寓教于乐”理念，实现分众化、对象化和渗透式、移动式的传播变革。尽管这种探索还需要历史的检验，但只要大家都有探索的共识，传统媒体转型创业肯定能走出一条新路子出来。

（作者王雅铄系暨南大学新闻与传播学院硕士研究生；范以锦系暨南大学新闻与传播学院院长、教授、博士生导师）

自我颠覆的倾向

——浅议媒体转型中的内部创业

□杨溟

杨溟

借用赫希曼的书名，本文选择内部创业这一角度对传统媒体转型进行研讨，试图说明，融合转型的压力在不断加剧，而与新兴媒体间的差距亦在不断加大。各种努力值得嘉许，但正视困难、直面现实，尽早在更深层面启动改革，比起仅仅着眼于拯救一个式微的行业更有意义。

现象

内部创业成为一个话题时，一定意味着内部创业环境的艰难。换句话说，组织体系本身创业资源的枯竭、机制的僵化，导致创新动力需要某种特殊的政策激活。这本身就说明，传统媒体行业的体制困局暴露出文化、管理、效率、职业伦理等一系列问题，使内部创业作为无奈之举，映射为媒体转型难以获得全局性突破的一道侧影。

首先界定一下内部创业的边界。

不甘于在新兴媒体冲击中坐以待毙的传统媒体，近些年开始了各类积极而勇敢的尝试，包括业务与资本层面的创新。所谓媒体内部创业，不包括内部员工设立法人独立运作的孵化项目——如搜狐原资深副总编辑王子恢领衔的蓝莓项目，自负盈亏、自担风险，完全脱离搜狐品牌。而是指进行部门化试点的，如2013年底曾引起报业震动的中国经营报

中国经营报

CHINA BUSINESS JOURNAL

PPP 立法重启 特许经营法年内有望出台 A2

"营改增"为何变得步履蹒跚?

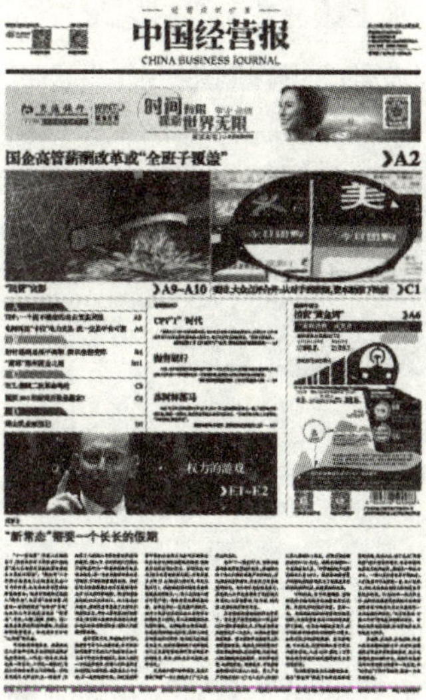
中国经营报

CHINA BUSINESS JOURNAL

国企高管薪酬改革或"全班子覆盖" A2

权力的游戏 E1-E2

"新常态"需要一个长长的假期

取消广告部进行公司化业务运营；还有“里应外合”与外部资本联手的，如新京报和三胞集团联合出资创办的“热门话题 APP”；以个人为主体给予特殊激励政策进行内部竞争或创业试点的渐进式改革，如重庆日报报业集团和深圳报业集团的尝试等。后者通过创新创业大赛，使员工可获得实验室孵化资格，并有望获得 10 万 ~200 万元项目种子基金及一系列支撑服务。

无论何种形式，在组织内提供孵化环境作为激发活力、自我颠覆的内部创业，引起了业内外关注。其实，不止传媒业，同样感受到冲击的其他行业也多有这样的举措。万科、华为、海尔等，也都出台了各种内部创客的激励机制，鼓励员工积极创新。

怀抱善意的传媒研究者们出于对传统媒体融合转型的憧憬和期待，将媒体内部创业作为一个探讨话题，希望为媒体转型找到一条成功之道。

方向

内部创业这一探索由谁发起，体现的是方向问题。总体上看，目前这一探索多由媒体决策层发起，从顶层设计着手，在利益分配、机制创新上不乏可圈可点之处，但同时应正视其面临的困难。

首先，这种自上而下的改革更多带有行政色彩，与互联网媒体自下而上的动力系统方向不同，反映出不同的权力来源。前者来自上级，以指令性计划为主，成败标准取决于领导的认可程度。表面上看具有独立运行的自主权，其实仍属有限的渐进式试点改革。国有体制的管理系统分层分级但没有按照市场需求和产品特性进行有效分工，因此难以形成真正意义上的创业企业。后者的成败评价完全来自市场、来自用户，其创业冲动来自每一个子细胞的能量张力，其管理逻辑是用户导向，一切不适应于此的环节和架构都须得到调整。这是两者之间重要的差别。

其次，利益分配逻辑迥异。传统媒体本质上不是真正的企业，而更接近于公共部门。不过政府部门是用政府的架构来提供公共服务，媒体作为国企用企业的方式来提供和运营公共资源。因此在很多国家的政策体系里面，国有企业是政府的一个组成部门，提供的是公共服务，创造的利润是公共财政的部分，那么其分配逻辑自然更接近于公共财政的分配逻辑而受到种种限制。它和纯粹的市场化创业企业不具备可比性。从结构和本质特征来讲，内部创业要尝试在一个系统里兼容两套逻辑是艰难的，至少需要极高的智慧。

深圳晚报
83929999
长寿新技能
第十届物博会昨在深开幕
创新商业模式不断涌现 物流企业抱团打造O2O平台
市人大代表再度聚焦深圳湾“污糟”
2783个小区污水直排深圳湾
深圳推广实施民生微实事
每社区每年最高补助百万
CBA新世纪男篮落户深圳
新主队：深圳马可波罗

管理

组织系统再造是传统媒体转型的难点，难在对于传统管理体制进行解构的阵痛。“去中心化”成了衡量互联网思维的一把标尺，离散化结构才是创业创新的生态环境。舍此去谈万众创新和内部创业，难免似是而非、貌合神离。

不止传媒业，企业界也都面临着管理思维的艰难突破。董明珠和雷军的世纪赌局就是两个时代的对话。强调集权的管理一定是传统意义上的产品导向，权力高度集中下的指挥系统过于依赖决策者的个人能力以及媒体资源的支撑，重视经验与习惯，轻视民间创造力和新规则。而“用户体验第一”才是互联网思维。要做到对用户体验的尊重，传统的组织管理架构必须颠覆。腾讯微信创始人张小龙阐述他的产品价值观时说，自己最核心的观点就是要做“去中心化的生态系统”。克里斯坦森在《创新者的窘境》书中提到“破坏式创新”。他告诉我们，创新在一个既已成功的主体中是多么难

深圳特区报
通过共建“一带一路”推动区域合作
16
我国明确价格改革时间表路线图
巩固经济基本面
培育发展新动能
深圳湾滨海休闲带西段开建
全球价值链创新发展峰会在深举行
深圳建设宜居适老城市
治疗肺肿瘤不会损害正常细胞
我科学家发现东亚最早现代人化石
深圳海关多举措促外贸稳增长

以发生。破坏性创新的技术都有一个模式，开始都不起眼。可以看到这样三条线：最上面那条是市场表现非常好的业界领袖，有很平稳的发展曲线；中间一条曲线是消费者的最低满意度；最下面那条线，是当时出现的破坏性创新力量。最初破坏性创新的技术远比客户要求的差，但突然有一天它就成为市场的统治者。

媒体的内部创业类似于一场发生在组织内部的众筹。创业的领导者要构建起一种新的价值观，营造新的分配机制与评价标准，创造全新的面向用户的"去中心化生态环境"，让创业成为每个人自己的事业。

能否包容员工在内部进行这种"破坏式创新"，不仅考验领导者的胸怀，更是采取哪一种管理模式和文化的抉择。

2010年7月18日 星期日

新闻晚报

SHANGHAI EVENING POST

申城进入盛夏时间

未来五天几乎天天高温

陕西韩城矿难 28人全部遇难

50km²海面被污 清污全面展开

数百滞留三亚 上海游客返回

斯里兰卡馆日 展现岛国文化

湖北周今开幕 传递荆楚风情

中招统一志愿 今起正式投档

麻将移民80年 风靡美国纽约

三峡备战最大洪峰

2013年12月24日

新闻晚报

千户静安居民 告别百年老房

59街坊一期、66街坊居民今集中搬家

来沪人员随迁子女 就读实施意见公布

双休日气温触冰点

马年贺岁 纪念币发行

AK-47之父 重病离世

孙杨 恢复冬训

安徽杀医犯 获刑无期

《新闻晚报》休刊公告

文化

组织创新和管理再造的本质是文化颠覆。

首先从面对困难采取的对策可以看出秉持的是哪种文化系统。比如上海报业集团的解决方式是减负——毅然关闭了尚未面临绝境的《新闻晚报》。这种方式本身就喻示着改革的行政性特质。中国的传媒体制既未提供合理的竞争与退出机制，也未在不得不退出的命运面前提供选择机制。一个生命力尚存的媒体，谁来决定它的命运？市场、用户、员工还是领导？有没有在做出终极决策前进行过负责任的评估，比如说，有可能以此进行内部创业的试点吗？至少，在关闭这张晚报时，没有人对它数十万的官微粉丝价值做个资产评估，对社交媒体资产的运营进行可行性分析和内部孵化尝试。

为什么不少传媒人离开多年依存的组织？

因为创新所需具备的必要的包容、平等的姿态、跨学科的学习氛围、充满挑战的新领域都那么遥远。说到底，是对待失败的态度、对待冒险的态度、对待习惯的态度，以及对待传统组织文化的态度决定了劣币驱逐良币，将有思想、有能力、不甘平庸者逼出原有组织，投身于真正的创业大潮。内部创业的权宜之计，如果不能根本性地解决文化的问题，那么就无法使从业者的敬业精神与幸福感融合，敬业仅成为一种职业操守与被动要求，却不能从付出中获得满足与快乐。这是追求新闻理想与幸福感的传媒人高度重视的精神需求——恰恰也是他们的大量流失，使得传统媒体行业的整体水准迅速下滑，这两年尤甚。而新兴媒体则藉此充实自我，不断提升全行业媒介素养。

我们缺少的不只是人才，更为重要的是创造人才的机制。以传统媒体急缺的 CTO（技术架构师）为例，互联网媒体中的一流技术人才很少会加盟传统媒体。不是薪酬高低的问题，是文化相不相容、有没有施展空间的区别。最活跃、最具创造力的生命阶段要寻找最能够施展、发挥的空间。人才大量外流而得不到新技术、新专业人才的补充，是传统媒体与新兴媒体差距加大的重要原因。

当然，传媒教育的孱弱也难辞其咎。

再有，是面对趋势。

趋势判断决定组织创新能走多远。对于社会发展与传媒业未来趋势的把握，既体现决策者视野与格局的水平，也是改革中遇到困难得以坚持的定力所在。媒体内部创业的探索，如没有较为清晰的远景目标，就难以承受沿途遭遇的挫折，这点对于创业者以及组织内部的其他人员，都会具有深刻的影响。

最后，还是说到分配机制。无论是增加式

重庆日报

40余家渝企"走出去"交流

中国药学家屠呦呦获诺贝尔生理学或医学奖

祝贺屠呦呦获得诺贝尔奖

市民乐享指尖上的"十一"

高速路疏堵 无人机帮忙

高速路迎来自驾游返程高峰

重庆日报

中共中央 国务院

关于推进价格机制改革的若干意见

离开"国家队"下海投身产业一线

"重庆医改取得了积极成效"

国务院质量工作考核组来渝考核我市质量工作

市政府召开第106次常务会议

全国住院医师规范化培训现场经验交流会在渝举行

还是减少式，彩票式还是福利式、按揭式，分配机制是一家企业的核心机制。决策者需要非常清楚：

1. 什么是你心目中的企业价值?

2. 谁创造了价值? 要为价值创造者创造分享价值的制度。

3. 如何评估价值? 只有具备清晰的评估标准，我们才会知道，什么样的胜利不值得欣喜、什么样的失败值得褒奖。

我非常认同自媒体人栾春晖的观点。他说国有资产背景的困扰，使得市场化的创业项目在实体化运作过程中，更多依托股权利益分配模式的普遍现象无法适用于传统媒体内部，个人创业者与国有资产共同组成股份制公司成为几乎不可能完成的任务。混合所有制听上去挺美，却很难落到实处。但不论怎样，我认为在现有体制环境中，鼓励内部创业，采用孵化库进行改革试点的方式虽然艰难和略显无奈，但却是可行和转型必须选择的一步。

（作者系新华网融媒体未来研究院院长，河北传媒学院副院长、新闻传播学院院长，南京大学、东南大学硕士研究生导师）

媒体内部创业的四个基本问题

□白红义

白红义

伴随着传统媒体遭遇普遍性的营收下滑，一系列停刊、离职、裁员、缩版等信号都预示着中国传统媒体行业进入“危机”时刻。在行业期刊、门户网站、社交媒体等不同的媒体平台上，此类“危机”话语随处可见。将当前传统媒体面临的状态形容为一场危机，也潜在地给“危机”前的传统媒体发展贴上了繁荣、发达等标签，并预示着对未来前景的不确定。

不少新闻人通过跳槽或创业的方式离开传统媒体，一些人在离开时还会撰写一篇告别信，在微博、微信等社交媒体上流传，让人感觉离职潮、创业潮正在媒体行业兴起。如果说，离职新闻人可以轻易地用脚做出投票，那么，作为一种社会机制的新闻业显然不能轻言退出。在新闻生态发生巨大变化的当下，如何维持乃至创造一个好的新闻业仍是需要正视的问题。

虽然人们普遍认为，数字媒体的快速发展是导致传统媒体衰落的主要原因，但对于采用何种方式渡过“危机”，并没有形成统一的做法。除了在新闻生产层面与新媒体的融合之外，许多传统媒体还试图通过内部创业的路径展开自救。2014 年，上海报业集团的两个新媒体项目澎湃和界面相继上线。2015 年，南方都市报、新京报与其他资本合资组建的新媒体项目并读新闻、热门话题也各自上线，并在短期内取得不俗的成绩。日前，重庆日报报业集团、上海报业集团又各自出台了更为具体详细的扶持计划和方案，鼓励内部创业。更早之前，浙江日报报业集团的传媒梦工场、南都报系的ND蜂巢已经着力打造新媒体项目的孵化基地。

严格来说，媒体的内部创业并非始自今日，以往传统媒体创办各种子报也是一种内部创业行为。而这一波媒体的创业潮更像一种防御性举措，被看作是一种拯救处于颓势中的传统媒体的重要手段。创业潮从个体开始，逐渐波及组织，并主要集中在各种新媒体项目上。尽管在新媒体环境下出现的媒体创业现象已经成为业界十分关心的话题，但大家讨论较多的还是媒体内部创业的原因和前景等问题。不过，在笔者看来，还有下列四个基本问题值得追问：第一，什么是媒体内部创业？第二，媒体内部创业的目的是什么？第三，影响媒体内部创业的因素有哪些？第四，如何衡量媒体内部创业的效果？

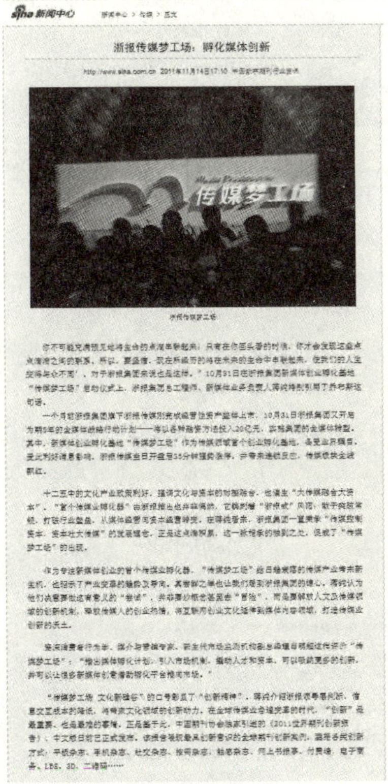
sina新闻中心 新闻中心 > 传媒 > 正文

浙报传媒梦工场：孵化媒体创新

http://www.sina.com.cn 2011年11月14日17:10 中国新声期刊行业资讯

浙报传媒梦工场

你不可能充满预见地将生命的点滴串联起来；只有在你回头看的时候，你才会发现这些点点滴滴之间的联系。所以，要坚信，现在所经历的将在未来的生命中串联起来，使我们的人生变得与众不同'。对于浙报集团来说也是这样。"10月31日在浙报集团新媒体创业孵化基地"传媒梦工场"启动仪式上，浙报集团总工程师、新媒体业务负责人蒋纯特别引用了乔布斯这句话。

一个月前浙报集团旗下浙报传媒刚完成经营性资产整体上市，10月31日浙报集团又开启为期5年的全媒体战略行动计划——将以各种融资方法投入20亿元，实施集团的全媒体转型。其中，新媒体创业孵化基地"传媒梦工场"作为传媒领域首个创业孵化基地，备受业界瞩目。受此利好消息影响，浙报传媒当日开盘后35分钟强势涨停，并带来连锁反应，传媒板块全线飘红。

十二五中的文化产业政策利好，强调文化与资本的对接融合，也催生"大传媒融合大资本"。"首个传媒业孵化器"由浙报推出也并非偶然，它鲜明带"浙报式"风范，敢于突破常规，打破行业壁垒，从媒体经营向资本经营转变。在蒋纯看来，浙报集团一直秉承"传媒控制资本、资本壮大传媒"的发展理念，正是这种高瞻远瞩，这一脉相承的独到之处，促成了"传媒梦工场"的出现。

作为专注新媒体创业的首个传媒业孵化器，"传媒梦工场"给日益衰落的传媒产业带来新生机，也昭示了产业变革的趋势及导向。其尝鲜之举也让我们看到浙报集团的雄心。蒋纯认为他们决意要做这有意义的"尝试"，并非要炒概念甚至去"冒险"，而是要解放人文及传媒领域的创新机制，释放传媒人的创业热情，将互联网创业文化延伸到媒体内容领域，打造传媒业创新的沃土。

资深消费者行为学、媒介与营销专家、新生代市场监测机构副总经理肖明超这样评价"传媒梦工场"："推出媒体孵化计划，引入市场机制，撮动人才和资本，可以吸纳更多的创新，并可以让很多新媒体创意借助孵化平台推向市场。"

"传媒梦工场 文化新硅谷"的口号彰显了"创新精神"。蒋纯介绍，信息交互成本的降低，将带来文化领域的创新动力。在全球传媒业急增变革的时代，"创新"是最重要、也是最难的事情。正是基于此，中国期刊协会隆重引进的《2011世界期刊创新报告》，中文版日前已正式发布。该报告展现最具创新意识的全球期刊创新案例，涵盖各类创新方式：平板杂志、手机杂志、社交杂志、按需杂志、触感杂志、网上书报亭、付费墙、电子商务、LBS、3D、二维码……

创造新业务

所谓媒体内部创业，是指在组织内部，以创造价值为目的开发新业务的过程。它是传统媒体适应新环境、实现数字化转型并维持经营成功的关键。媒体是一种具有特殊使命的企业，它成功的标志是其在发挥社会效益的同时，也获得经济效益，从而实现商业上的可持续发展。如果只有经济效益而没有社会效益，也称不上成功。从这个角度看，媒体创业实际上是一种社会创业，而不是商业创业。社会创业就是可以创造社会价值的创新活动、可以处理社会问题的创新解决办法，学者们普遍认为社会使命（解决社会问题和满足社会需求）、获得经济利益和创新性是社会创业区别于传统商业创业的三个特征。因此，媒体创业也应该具备上述三个特征，获得经济利益和创新性不需赘言，关键在于媒体创业的社会使命究竟是什么，恐怕还要回到媒体的社会功能上来，这一点就无庸赘言了。

王武彬用“发现新机会”和“创造新业务”两个元素进行识别，把创业项目与母体组织结构和主营业务之间的关系作为线索，将目前传统媒体的创业道路概括为三种：第一种是创业项目没有脱离传统媒体母体，主要借助自有力量推动，围绕原有主营业务开展，以微信公众号和移动客户端为代表，如侠客岛、团结湖参考、浙江新闻 APP 等。第二种是创业项目基本脱离传统媒体母体，主要借助资本力量推动，通过并购、投资等手段快速进入相关领域，以网游业务为代表。第三种是坚守新闻信息服务这一传统媒体最熟悉和擅长的业务领域，通过引入外部资本，成立独立实体、推出全新品牌，代表性的项目主要有澎湃新闻、界面、并读新闻和热门话题等四家。在笔者看来，真正值得关注的只有第三种模式。如果以社会使命、经济利益和创新性三个特征衡量，当下一些媒体进行的创业项目能否称得上媒体内部创业就值得商榷了。

主动创业求生路

媒体内部创业的目的当然是为了获得足够的经济利益，以便在新的媒介环境中继续生存下去。但对新闻业这个特殊的商业行业来说，却不能停留在这个层面，这样一种看法就把很多与新闻信息等主营业务无关的创业项目排除在外。当然，也可以通过此类创业活动来

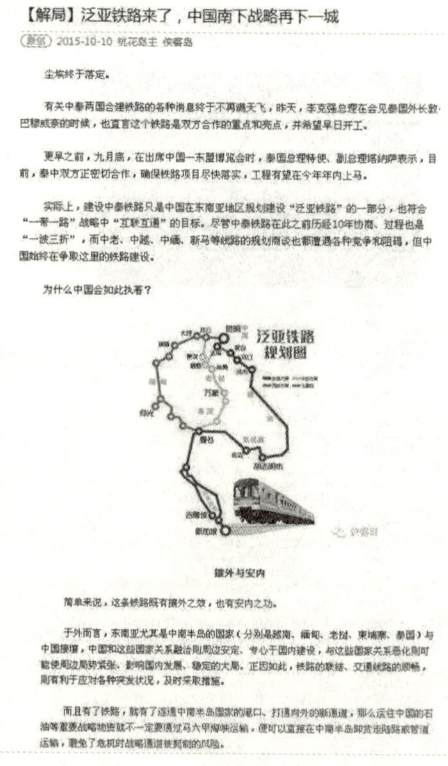

【解局】泛亚铁路来了，中国南下战略再下一城

2015-10-10 桃花岛主 侠客岛

尘埃终于落定。

有关中泰两国合建铁路的各种消息终于不再满天飞，昨天，李克强总理在会见泰国外长敦·巴穆威奈的时候，也直言这个铁路是双方合作的重点和亮点，并希望早日开工。

更早之前，九月底，在出席中国—东盟博览会时，泰国总理特使、副总理塔纳萨表示，目前，泰中双方正密切合作，确保铁路项目尽快落实，工程有望在今年年内上马。

实际上，建设中泰铁路只是中国在东南亚地区规划建设“泛亚铁路”的一部分，也符合“一带一路”战略中“互联互通”的目标。尽管中泰铁路在此之前历经10年协商、过程也是“一波三折”，而中老、中越、中缅、新马等线路的规划商谈也都遭遇各种竞争和阻碍，但中国始终在争取这里的铁路建设。

为什么中国会如此执着？

攘外与安内

简单来说，这条铁路既有攘外之效，也有安内之功。

于外而言，东南亚尤其是中南半岛的国家（分别是越南、缅甸、老挝、柬埔寨、泰国）与中国接壤，中国和这些国家关系融洽则周边安定、专心于国内建设，与这些国家关系恶化则可能使周边局势紧张、影响国内发展、稳定的大局。正因如此，铁路的联结、交通线路的顺畅，则有利于应对各种突发状况，及时采取措施。

而且有了铁路，就有了连通中南半岛国家的港口、打通向外的新通道，那么运往中国的石油等重要战略物资就不一定要通过马六甲海峡运输，便可以直接在中南半岛卸货走陆路或管道运输，避免了危机时战略通道被扼制的风险。

反哺主营业务，这就是另外一个问题了。在笔者看来，媒体内部创业的根本目标应该是创新，创新则是为了更好地实现社会使命。在西方学界，新近出现了专门研究媒体创业活动的媒体创新研究，尤其注重研究新闻媒体公司中的创新案例，可能是新闻业务的创新，也可能是商业模式的创新。媒体创新活动的出现与新闻业面临的两个根本性挑战有关：一是新闻业作为一种专业，逐渐丧失其垄断性的职业地位；二是新闻业从广告商和受众那里获取收入维持其发展的商业模式也渐渐失效。传统媒体必须更主动地进行组织变迁和媒体创新，但那种在常规的内容生产层面进行的些许改变却可能不是真正的创新，传统媒体应该在编辑过程、新闻产品及其商业模式和组织结构方面进行大的创新。

在对媒体内部创业的评论中，不少论者多对其前景持怀疑态度。比如魏武挥就直接认为内部创业不靠谱的地方太多，基本无解。栾春晖具体分析了传统媒体内部创业存在的基因缺乏、玩票依赖、资源幻象、知行分离、人才缺失等五大病症，因而认为内部创业困难重重。这些观点都有一定的道理，不过在当下这个局面，既然不创业是等死，何不主动创业寻找条生路呢？西方新闻业面临的困境比中国同行更早也更艰难，但媒体创新的例子不胜枚举，说明危机之中也可能孕育着生机。

人才、制度、资本决定创业

大致想来，人才、制度、资本等仍是影响中国媒体内部创业的几个重要因素。媒体的内部创业归根结底是人的创业。创业者不同于非创业者的地方在于，他们具有更强的市场敏感性，能够感知市场机会并有效地识别出来，所以创业者个人特质是创业成功与否的先决条件。在对创业者特质的研究中，风险承担性、内控制源、成就需求模糊容忍度等，被认为是成功的创业者所应具备的特质。媒体人是否具有创业者的特质很难一概而论，但那么多媒体人离职创业成功的案例已经说明，媒体人并不天生缺乏必要的创业者特质。但问题在于，那些不打算离开原有媒体的内部创业者是否具备足够的创业者特质？所以魏武挥针对媒体内部创业提出的第一个问题就是如何看待内部创业者。理论上讲，如果一个媒体人愿意内部创业，就应该承担创业失败的后果。但在媒体内部，这种放弃编制、职位、级别带来的风险有可能令很多人望而却步。

制度对创业过程有重大影响。当创业行动得到制度支持时，创业者更易于获得所需资源开展行动。在新企业成立的早期阶段，创业者大多是在既存制度框架下行动，制度与创业者行动之间的关系更多地表现为前者影响后者。随着创业过程的进行，创业者开始主动地影响制度。传统媒体支持员工内部创业，同样与体制机制有

密切关系，一些媒体发布各种政策鼓励内部创业，进行有组织的主动创业探索，促使许多媒体人在做出创业选择时，机会成本大大降低。但最难突破的可能还是体制机制，尤其是关于利益分配和激励的机制方面。新京报的内部创业项目——热门话题在机制创新上得到了不少赞誉，它的出品公司北京热火朝天科技公司由新京报和三胞集团联合出资，除了代表两家投资公司的法人股东外，还有包括 CEO 刘炳路在内的四位自然人股东。让管理层持股、让投资人控股，符合现在互联网公司的普遍架构。这一条经验被刘炳路作为忠告提给想要内部创业的人："内部创业的关键是所有制要清晰，不进行所有制改革是不符合现在创业公司模式的。"

如何评判创业成功与否？

最后一个问题关于如何衡量媒体内部创业的效果，这就涉及一个创业成功与否的标准问题。创业自然也有个成功与失败的问题。由于创业活动涉及两个相互关联的主体，即作为创业活动主体的创业者和作为生产主体的新创企业，对于人和组织的评判标准也不能完全同一。比如，对创业者来说，职位的晋升、职业成就感的提高、工作满意度、个人收入等都可以作为判断标准。而对组织来说，经济指标当然是一个最直观的标准，但一个新项目的培育是需要周期的，像澎湃新闻、热门话题这样的创业项目至少到目前还都没有盈利。对媒体内部创业来说，创业成功应该是一个多维的评价性概念，比如创业经济回报、创新程度、创业者心理成功、社会影响力等等。

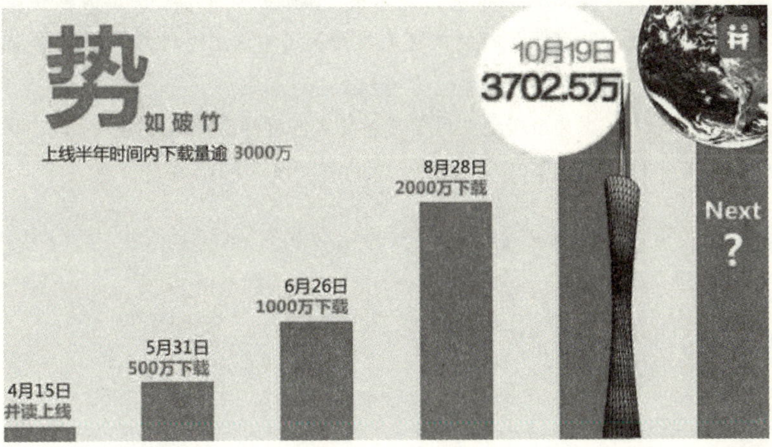

虽然创业大潮已经袭来，但必须明确的是，只有少数人才适合创业，创业者中也只有少数人才能成功。也就是说，创业项目并不总是能够成功，失败更有可能是常态。尽管媒体内部创业存在那么多困难和问题，但在传统媒体陷入困境的当下，我们依然要鼓励创业，最要紧的是激发媒体人的创新精神、置之死地而后生的奋斗精神，而且也应当为失败留出空间。

（作者系上海社会科学院新闻研究所副研究员）

参考文献：

朱松林 :《分化与整合 : 传统数字化转型中的创业组织模式》,《国际新闻界》2014 年第 1 期。

胡舒立:《创业与专业——十字路口的中国新闻人》，取自 : http://hushuli.blog.caixin.com/。

王晶晶、王颖:《国外社会创业研究文献回顾与展望》,《管理学报》2015 年第 1 期。

王武彬 :《传统媒体创业的三条道路》,《中国记者》2015 年第 8 期。

魏武挥:《传统媒体内部创业，不靠谱的地方，多了去了》，取自 : http://www.tmtpost.com/1337887.html。

栾春晖 :《传统媒体内部创业需直面“五大症”》,《青年记者》2015 年 7 月下。

王诗桐 :《创业者特质、创业态度与创业倾向关系研究》，吉林大学硕士学位论文，2015 年。

施丽芳、廖飞、丁德明 :《制度对创业家行动的影响机理——基于不确定管理的视角》,《中国工业经济》2014 年第 12 期。

卢文炤:《创业属于不甘寂寞但耐得住寂寞的人——访“热门话题”创始人刘炳路》,《青年记者》2015 年 7 月上。

关于体制内创业的若干思考
——兼浅析天空城项目

□李文龙　郑志荣

李文龙

冷水在不断加温的过程中会先间歇产生一些小气泡，当温度和气压达到临界状态时则会产生大量的气泡从而产生沸腾现象。因此，这一场传统媒体内部创业浪潮的爆发突如其来又在意料之中。

传统媒体，内部创业的行为一直都存在。近年来，大众创业的氛围越来越浓，传统媒体赖以生存的广告增长模式已然不可持续，使得媒体内部组织及传媒人个体的创新融合以及转型升级的压力与动力不断升级。内部创业潮不过是这种压力与动力达到临界状态的一种大规模释放。

越来越多熟悉的同行成为创业者，越来越多的创业项目走上征途，意味着传统媒体的组织与个体的互适性大大增强。每一次内部创业都意味着组织与个体双方自我心态的全新调整，意味着二者结构关系的重新构建。不可否认的事实就是，内部创业给传统媒体转型融合带来了更多的可能性，同时也给传统媒体在管理理念、制度设计、孵化政策上带来新的变化与要求。

天空城项目是 2011 年在南方报业传媒集团创新创业大赛中获奖并获得集团大力支持孵化的创业项目，是集团探索内部创业推动媒体转型融合的一次大胆尝试。目前天空城项目已有网站（www.tiankong520.com）和同名微信（tiankongcheng520）两大产品，覆盖将近 30 万儿童及家长用户。天空城以广东小学生诗歌节的线上征稿为起点和基座，通过向中小学生提供作品展示、兴趣交流、投稿参赛、在线指导的服务，逐步形成一个以兴趣社交为纽带的 UGC 社区。项目缘起于传统媒体自身所积累的资源，希望布局“社区 + 电商”以及在线教育培训（天空学院）、亲子（活动广场）等领域，实现以互联网模式整合产业链上下游资源，为传统媒体带来新的盈利模式。

毫无疑问，天空城的成长过程中，享受了传统媒体原有红利辐射，包括并不限于如媒体品牌资源、政府资源、客户资源等。经过三年多的运作，依靠线下品牌项目运营、线下反哺线上，天空城项目基本实现自体循环，却也面临着所有创业项目普遍遭遇的问题。

其一，思维变化。创业原本走的就是一条前人所未至的荆棘之路，因此首先要扭转的就是多年来在传统媒体中形成的固有思维。对天空城而言，从读者到用户并不仅是两个称谓的变化，而是从流量、粘度到转化的一次次的思维洗涤。内部创业固然更要从思维上断奶，摆脱过去对媒体平台资源的单一路径依赖，不再满足于传统资源及盈利模式所带来的利润。但目前线下活动运营还是天空城主要的收入来源，我们尚不能完全脱离线下市场项目运营的传统盈利模式。以全新的运营思维，创造新的盈利模式，经营团队面临的困难可想而知，但我们一直在努力。

其二，融资。从内部看，南方报业的开明风气和创新基因从来不曾缺失；从外部看，混合所有制的探索逐渐推进，国企管理层持股也开始有所进展。但大环境的改善并非一蹴而就的过程。集团孵化的部分创业项目都对创业团队实施了股权激励，即允许创业团队持股，这是一个较大的突破。但不可否认的是，从资本角度看，在大股东绝对控股的情况下，项目（尤

其是资本快进快出的互联网项目）在进一步融资、以期获得快速增长的过程中会遇到一些问题。而现金流不足，将直接影响人才引进和在职员工的薪酬待遇和就业环境，更有可能会直接影响公司的发展速度与战略布局，从而错过了许多宝贵的时间窗口。集团内许多创新项目的发展已经到了一个临界点，以股份溢价转让、增资扩股等方式对外融资是更为急迫的事情。妥善处理好创业团队股权设置、战略投资引入这两个方面，将能够把制度红利的优势发挥到极致。并读新闻、大粤网等项目发展较为稳健，个人认为，这跟上述两个问题解决得较好不无关系。

其三，团队。创业发展很多时候受困于人才。创业维艰，不仅在于要寻找到与公司发展需求相匹配的人才，更要有条件留住人才。人才也许是创业发展困境中不能承受之痛。

因此，当传统媒体内部创业浪潮席卷而来之时，对传统媒体内部孵化平台机制提出了更高的要求。对传统媒体而言，这是一项比私募基金和风投企业的运作更艰苦复杂的任务：既要成为投资方，又要成为孵化平台；既要肩负起推动内部创业项目对外多轮融资的责任，还要全力保障国有资产部分的保值增值。

因此，建立以市场游戏规则为导向，塑造适应内部创业项目各阶段所需的核心能力，以形成相应的平台支持，是巨大的挑战。

首先，内部创业项目的选择方向需要规划。内部孵化什么项目、是否有重合的相关创业项目，可以通过方向规划进行指导，以避免不必要的浪费。同时，经过有效整合，可以使得内部创业项目得到更多资源的聚焦支持。

其次，传统媒体的内部创业孵化必须遵循市场游戏规则进行设定，从开始到结束都有比较明确的游戏规则。这不仅是为了更加公平公正公开地对待创业团队，更是为了与市场机制接轨。

再次，要做好孵化器平台的内功。努力为创业项目提供专业深度服务，包括人才招聘、投融资、市场推广以及客户对接等。

天空城运营团队对集团、对报社一直心存感激，不仅因为集团提供了这个创业平台，更重要的是集团内部浓郁的"做事"氛围让人不敢懈怠、不愿懈怠。作为内部创业潮中的一分子，借美团创始人王兴的一句话与大家共勉："既往不恋，纵情向前。"

（作者李文龙系天空城首席执行官，郑志荣系营销总监）

南方日报摄影记者 张由琼

执念而行

从业八年，踩过新闻黄金时期的尾巴，也正经历着传统媒体的低谷。无论何种境地，都记着那份初心：注视穷人的面孔，捕捉骄傲者的姿态，接触新奇事物，观察男人的工作，记录男人爱的女人以及他们的孩子。

▲ 2013 年 5 月 3 日，汶川大地震五周年，汶川雁门镇，地震后留下的沟壑仍清晰可见，曾经受损的小村庄已经焕生机。

2013 年 2 月 18 日，位于珠江新城的冼村，两名孩子在废弃的罐上玩耍，后面高楼大厦和废弃城中村形成鲜明对比。

▲ 2013 年 4 月 25 日，81 名官兵和 5 位搜救队员用了五天五夜时间，冒着生命危险，只为寻找到芦山地震中被掩埋的一名普通村民的遗体。遇难者儿子向战士和救援人员下跪感谢。

2012 年 7 月 26 日，伦敦奥运即将开幕，在威斯敏斯特桥上，名男孩演奏着特有的乐器进行卖艺，阳光勾勒出他的身形。

▲ 2014 年 3 月 14 日，北京顺义一家保镖学校，外籍教官正在训练学员，他们都将成为富豪们的私人定制。

2013年6月11日，酒泉卫星发射中心，长征二号F遥十运载火箭顺利将神舟十号载人飞船发射升空。

2015·南都视觉

■ 陈军

▼ 10月15日，肇庆西江公铁两用大桥处发生一起船只撞桥事故，一艘采砂船因船体超高撞上大桥，导致铁路桥横梁受损。16日，南都记者操控遥控飞机航拍事发现场。南都记者 黎湛均 摄

▲ 11 月 11 日，佛山张槎华国光学器材活动中心。单身的禅城公安协（辅）警站成一排，腰部贴有自己微信的二维码，等待感兴趣的女嘉宾前来扫码。 南都记者 张明术 摄

台湾“2·4”复兴空难、尼泊尔“4·25”地震、“6·1”长江沉船事故、记者卧底替考组织参加高考曝光跨省团伙、天津港“8·12”大爆炸、11 月 7 日“习马会”……除了参与这些省内外重大题材报道，南都视觉新闻中心也着力扎根广东本土，从都市日常生活中发掘新闻看点。

这一年，珠三角地区城市和社会发展加快转型，南都视觉采编方针也相应调整，在社会新闻之外，更积极主动地将影像创作的题材和新闻报道视野聚焦于城市区域产业布局、各行业生态和各种职业人群的生活状态，关注专车

司机、网络主播、约会师、观星人、机器人，关注广东自贸区等风起云涌的城市新生活、新事物、新现象，以及城市化进程中的热点话题，见证了2015年的微末细节与时代巨变。

多媒体时代，伴随着注意力、兴趣、信心的转移和耗散。新媒体技术从技术和成本角度冲击着传统媒体的运作模式，数码革命也降低了摄影的门槛。手机无处不在，人人都是摄影师，图片社交分享快速地影响到新闻摄影的工作业态，尤其是社会突发新闻摄影——记者争分夺秒跑现场，却远远跑不过网络的传播速度。

媒体都在争抢受众注意力。一方面千方百计吸引他们的眼球，但另一方面却面临着选题同质化的问题。那么如何做到技高一筹？随着受众阅读水平的提高，报道不再只要求5W说清楚事实即可，还应俱备一定的可视化、审美、趣味、实用、贴近性等价值。这些都有赖于采编团队独立的思考判断和独到的新闻视角。

目前，南都视觉新闻中心包括摄影、图片编辑、音视频三部分。采编工作强调平时做好知识和技能储备，充分开发影像专业技术优势；保持新闻敏感与独立判断，做好策划，精心打造独家报道，挖掘独特新颖的视角；采用不拘一格的写作方式、视觉手法及编排设计风格，实现报网联动，打通视觉生产传播各道工序，推动采编融合再造，顺应2015年南方都市报全面转型的工作要求，为报系各部门、各版块、各端口做好视觉产品供应与服务对接。

如果地面视角太常规，摄影就启动遥控飞机空中航拍；

如果新闻会场太沉闷，摄影就聚焦人物生动情态；

如果经济类配图太老套，摄影就着力发现新事物，表现新趣味；

如果一张“决定性瞬间照片”还不够，摄影要考虑提供专题或组照；

如果照片无法形成整体叙事，我们得提前规划文本方案；

如果画面形式感不强，视觉采编要强调突出题材感染力；

如果坚持影像专业性还不够，我们要不断审视思考如何拓展“视觉传播”的内涵与外延；

宏大叙事太宽泛抽象，摄影就要捕捉具象，让人性在画面中闪光，具体而微，见微知著；静态影像信息荷载不够，我们的队伍开发了360度全景摄影、亿像素摄影、动态视频和多媒体交互设计等技术手段；纸媒能够提供的版面容量有限，我们就建设视觉网络平台，提供海量空间……

（作者系南都视觉中心副主任）

▲ 4月19日下午，“2015公益彩色中国跑珠海站”大型炫彩路跑活动举行。一名参与者脸上满是彩粉。南都记者 叶志文 摄

▲5月23日晚，国内首场荧光湿身跑步活动在广州奥体中心举行。在终点音乐Party，一名年轻女子骑在男友脖子上，观看舞台表演。南都记者 黎湛均 摄

▲ 1 月 8 日，中山市港口镇南六村，一栋出租房加装厚重防盗网，房子如“鸟笼”。南都记者 吴进 摄

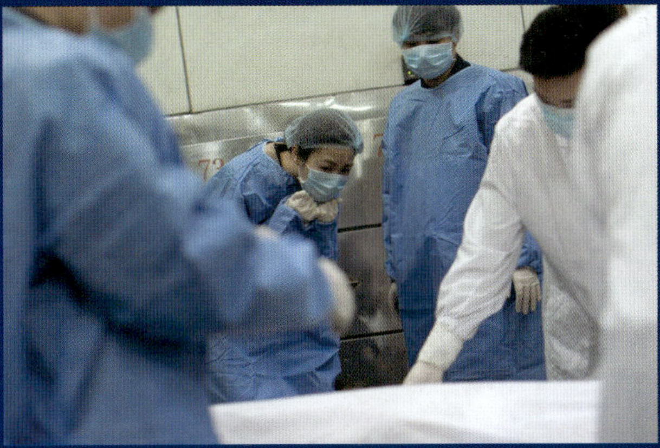

◀ 清明节前夕，广东多个城市的殡仪馆向公众开放。在佛山，一名女性市民近距离观看为遗体换装，表情和动作显出很惊惧的样子。 南都记者 郭继江 梁清 摄

▲ 4 月 4 日，深圳世界之窗举行第四届国际减压节。砸车游戏环节中，一名游客跳起来抡起锤子用力砸向已报废的汽车，释放心中的压力。南都记者 刘有志 摄

▶ 4月13日晚上10点，江门台山。天文爱好者何建国坐在望远镜底下等候拍摄时机。他和伙伴们经常在“家门口”寻找观星地点。南都记者 郑俊彬 摄

▶ 8月起深圳交警出重招整治违法通行，行人闯红灯会被要求戴绿帽子、穿绿马甲，在路口劝导其他路人。8月4日，深圳罗湖区宝安南路与解放路十字路口，一名男子疑似闯红灯，劝导员上前欲拦下他。南都记者 陈文才 摄

▶ 10月13日，小川（化名）的亲生父母从四川凉山赶到深圳宝安，与失散20年的小川相见后相拥而泣。小川4岁被拐，20年后自主报警成功寻回亲人。南都记者 刘有志 摄

◀ 10月16日，深圳观澜。小青（化名）约了一个“男友”一起在出租房附近遛狗。作为观澜富士康流水线上的一名女工，小青从2个月前接触一款针对蓝领工人的社交软件后，就成了一名“约会体验师”。约会，成了她的另一项工作。南都记者 陈文才 摄

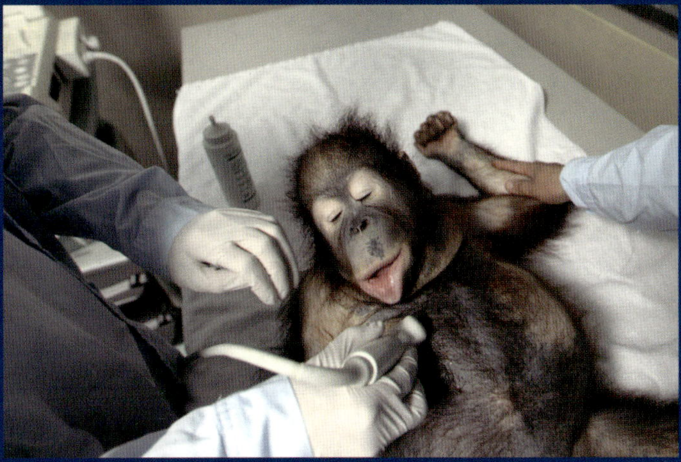

◀ 在长隆野生动物世界，做B超的黄猩猩“六毛”很是好奇，试图尝尝B超探头的味道。南都记者 马强 摄

◀ 在一个动漫展现场，化妆成一名伪娘的南希（化名）经历了一天的奔波，疲惫地坐在地上休息。南希是一名普通的男生，动漫展上他驾驭着8厘米的高跟鞋，举手投足间尽是女性的妩媚。南都感光度工作坊学员 刘东广 摄

▼ 何洪是四川省遂宁市蓬南镇三台村村民，与妻子生养了11个孩子，被当地人称为“超生游击队”。南都记者 张明术 摄

当地时间 2015 年 11 月 16 日，法国民众在临时纪念馆悼念巴黎恐袭案遇难者，并声明："我们与法国同在。" Anthony Behar/SIPA

那一缕光

当地时间 2015 年 11 月 13 日晚 9 点左右，法国巴黎市区至少 7 处公共场所发生枪击及爆炸事件。据英国每日电讯报道，截至当地时间凌晨 2 点，死亡人数已达到 197 人。事发后，法国总统奥朗德宣布全国进入紧急状态。

这次血腥袭击大到改变了欧洲政治版图，使得已经因难民危机而四分五裂的欧洲更为雪上加霜；小到不论是发起"开门运动"还是对着孩子说"他们有枪，我们有花"，都让我们看到了巴黎人的温情和勇气。

这是一张混在鲜花，蜡烛，还有弹孔中的照片。摄影师是 SIPA 图片社的 Anthony Behar，他的拍摄范围涉猎广泛，包括时政、社会、娱乐、时尚等。画面拍摄于 11 月 16 日，民众在临时纪念馆悼念巴黎恐袭案遇难者，拍摄时间为下午 2 ：40。摄影师利用逆光制造出明暗对比，站在阴影中的每个人都面容严肃、满怀悲情，手中是法国国旗与鲜花，身后是隐约的大树。这本是一张构图中规中矩的图片，结构完整、层次清晰，画面按二八比例设置出前后景关系。然而，让画面瞬间亮起来的，是一束透过枝叶从顶上洒下来的光，它正好落在了那面小小的国旗上。

也许，生活有你不得不面对的阴影。可那一缕光，却照亮了所有人的眼睛。

翁 倩

"习马会"报道

"习马会"报道

"习马会"报道背后的考验

□曹斯　骆骁骅

曹斯

11月7日下午3时，两岸领导人习近平、马英九同时从两侧步入新加坡香格里拉大酒店会见大厅，相向而行。在此起彼伏的快门声中、频频闪耀的闪光灯下，他们将手伸向对方，紧紧握在一起。

此刻，南方日报的特派记者在现场。时间仿佛凝固在两岸领导人握手的80秒，我们第一时间把文字和图片传回南方日报特地为"习马会"报道建立的工作群——群里有指挥统筹的集团领导、报社领导、部门领导，即时新闻以及"两微（微博微信）一端（南方＋客户端）"的编辑以及后方联动记者共二十余人。

正是这一"前店后厂"模式，让南方日报前方记者有了坚强的后盾，使一线采访收获良好反响。截至当时，南方＋客户端阅读量最高的一篇文章，是前方记者发回的原创报道——《"习马会"会场什么样？南方报业特派记者带你提前探营》。前后方联动在南方日报官方微信上抢发的习马握手的新闻，与人民日报几乎同时发出，比同城媒体提前一个半小时。

值得一提的是，在广东派赴新加坡的9名记者中，南方报业就占了4人，包括南方日报、21世纪经济报道、南方都市报的记者。4人充分发挥"1+X"采编策划联动机制的优势，展现全媒体播报特点，利用报纸、网站、微博、微信、客户端等多个端口，从现场发回大量图文报道，烹制出全面、立体、丰富的新闻大餐，满足读者需求。新华社发文称，南方媒体在“习马会”报道中表现不俗。

前方：速度的较量与团队的力量

任务来得突然，幸福也来得突然——两岸领导人这一握跨越了66年。去记录历史性的一刻，我深感机会难得，责任重大。

我们4日接到通知，5日办签证。曹斯于6日启程，自启程到返程，前后38小时。这期间，记者见证了这短暂、漫长而珍贵的80秒，记录下这一瞬间，至今深深回味。

此次时间紧、任务重。不过在出发前，我们在南方报业传媒集团副总编辑、南方日报副总编辑王垂林，南方日报编委、时政部主任梅志清的指导下，快速建立了报道组，全方位掌握了如“历史上的握手”“张夏会”“粤台情缘”等相关资料；随后，南方日报时政部副主任徐林、周志坤，带领报道组制定了全媒体报道方案。

这是1949年以来两岸领导人的首次会面，翻开了两岸关系历史性的一页，为两岸关系未来发展开辟了新的空间，具有里程碑意义。2008年以来，两岸关系和平发展取得重要成果，会面是对体现一个中国原则的“九二共识”作为共同政治基础的再确认，对两岸关系未来稳定发展具有重要意义，两岸同胞对这次会面也充满期待。

省级党委机关报记者要报道这样的重大事件，我们的可为空间在哪里？一线记者可发挥怎样的作用？这是我们当时思考最多的问题。在实践中，通过前后方联动磨合，报道思路也越发清晰。

降落新加坡，战斗开始。

由于飞机晚点，下榻位于“习马会”所

南方日報

习近平同马英九会面，这是1949年以来两岸领导人的首次会面

“历史将会记住今天”

《南方日报》今日刊发评论员文章

翻开两岸关系历史性的一页

02 要闻

聚焦“习马会”

习近平同马英九会面

习近平强调，两岸同胞是打断骨头连着筋的同胞兄弟，是血浓于水的一家人。我们应该以行动向世人表明：两岸中国人完全有能力、有智慧解决好自己的问题，并共同为世界与地区和平稳定、发展繁荣作出更大贡献。

两岸双方应该坚持“九二共识”，巩固共同政治基础，坚定走和平发展道路，深化两岸交流合作，增进两岸同胞福祉，共谋中华民族伟大复兴。

习近平在新加坡国立大学发表重要演讲强调，共建亚洲美好家园

携手开创全方位合作新局面

习近平同李显龙会谈

在的香格里拉酒店附近的住所时，已是 11 月 7 日凌晨 1 点。考虑到白天安保肯定会升级，媒体必然蜂拥而至，曹斯放下行李便踏着夜色前往香格里拉酒店。

抵达香格里拉酒店，只见酒店门前安保人员已陆续到位；安检设备已布置完毕；两岸领导人将要会面的主要区域岛屿宴会厅周围，警戒线也拉起来了。

穿过安检设备（因深夜无人把守），曹斯与羊城晚报、广东电视台的同行共四人一同来到岛屿宴会厅。宴会厅的布置工作正紧锣密鼓地进行。此处面积有 1357 平方米，是香格里拉酒店最大的宴会厅，可容纳 800 人。许多重大国际活动均在此举行，如著名的"香格里拉对话"。曹斯拍下不少照片，有宴会厅的全景、布置的场景等，作为全媒体报道的储备素材。

这时，是凌晨两点多。

回到住所，为了晨间发布，曹斯将提前探营的新媒体稿件整理完毕，传给后方联动记者骆骁骅。两个多小时后，曹斯简单调整后再次出发，开始"驻守"香格里拉酒店。

这是一场震动台海、震动世界的会面。对记者而言，就是"新闻战"。据不完全统计，共有 600 多名中外记者从全球各地赶赴新加坡。还没到上午 8 时，酒店大堂已经到处是摄影、摄像记者，他们带着"长枪短炮"，希望抢占先机。大家均有备而来，现场一位台湾媒体记者还手持自拍杆，给自己录制播报视频，进行一个人的全媒体直播。

重大时政报道往往是速度的比拼。前方记者的作用之一，就是要快而准地传递信息，在全媒体传播上突破。

凌晨探营，我们对现场素材已有丰富储备。上午 9 时许，南方 + 便推出了《"习马会"会场什么样？南方报业特派记者带你提前探营》一稿，阅读量迅速飙升，创了当时客户端阅读量的新高，也是同城媒体中发布最快的。我们还通过前后方联动的方式，制作了一档微信产品《这一握，跨越了 66 年》，在下午 3 时抢发，与人民日报几乎同时发出，比同城媒体提前 个半小时，短期阅读量迅速超过两万。

"两微一端"的统计数据显示：6 日至 8 日，南方 + 客户端关于两岸领导人会面共发稿 63 条，其中南方报业原创稿达到 13 条。新生的南方 + 客户端通过滚动报道、专题、视频、图解等多种新媒体报道形式，对本次"习马会"进行立体报道，既突出了深度、高度，又确保了活泼、易读。

这一方面，有赖于前方记者的努力拼抢；另一方面，也是最重要的一点，得益于我们有着强大的后方。不拼，前方记者很容易淹没在 600 多同行中，只能到此一游，成为尴尬的存在；若没有强大的后方支撑，我们便无法在全媒体报道中先发制人，第一时间将如此珍贵的历史时刻，原汁原味地呈现给广大读者。

至今，记者仍记得两岸领导人历史性的一握——14：55分，现场媒体仍在做机位的最后调整；15时整，两岸领导人习近平、马英九同时从两侧步入新加坡香格里拉大酒店会见大厅，相向而行，他们面带微笑，将手伸向对方，紧紧握在一起。

原本有些喧闹的现场，立马只有此起彼伏的快门声。数百名记者，齐刷刷记录下这珍贵的瞬间。记者们请两岸领导人挥挥手，两位领导人立马微笑地向在场媒体挥手致意。

那一天，曹斯靠一顿早饭撑到了晚上10时；担心排好的位置没了，还不怎么敢上洗手间。

不过，历经长途跋涉和数小时等待，最终见证了历史，亲历了珍贵的80秒，有了笑中溢泪的感动，记者感觉很值得。

后方：考验媒体的动员能力与经验储备

对一名多年跑台办条口与两岸新闻的记者而言，“习马会”到来的时机实在是出乎骆骁骅意料。前些年，岛内便有“习马会”的舆论，可是，场合、身份、头衔等一系列看似无法破解的难题接踵而至，使会面的讨论很快便归于平静。

谁知石破天惊的消息却在3日晚突袭而来，这确实是吹醒了两年来已经有些沉闷的两岸关系的“一池静水”。消息首先从台湾媒体传出，由于缺乏国台办的证实，从中央媒体到

03 要闻 聚焦“习马会”

翻开两岸关系历史性的一页

南方时论

张志军：“习马会”有六点重要意义

继续推动和平发展 两岸合作将有更多可能

跨越66年的握手

南方媒体强势报道“习马会”

全媒体全方位立体报道“习马会”

台湾各界高度评价“习马会”

两岸领导人 历史担当有目共睹

逾600名记者聚集狮城

04 要闻 聚焦“习马会”

“习马会”为台商在大陆发展注入信心，在粤台胞表示——

两岸和平是人民最大福祉

两岸政治互信 迈上新台阶

全省台企累计突破2.6万家

中华民族伟大复兴 走出历史性一步

北京广东网友最关注

两岸多次重大交流在粤举行

地方媒体，包括在台湾驻点的大陆媒体记者，许多人第一时间都以为是一条“假消息”。此后澎湃新闻率先发出的“国台办发言人马晓光应询答记者问”消息，也由于国台办发言人此前已经易人，以及不置可否的回答，让更多的条口记者心生疑窦。

但记者间的争论，随着4日早上新华社关于国台办主任张志军发布会面消息的一则通稿而很快止息，却也完全打乱了各媒体涉台重大报道的节奏。

此前，两岸关系重大节点性事件的新闻发布遵循着一定的规律。它必定是经由两岸沟通协商机制长时间的酝酿、磋商、调整，其间会有持续不断的信息透露，各媒体也是在此期间做了充分的信息采集、整理、汇集以及人员、资源调配等准备工作。最后的新闻呈现，其中大量的素材常常是之前长时间的积累。比如两岸事务主管部门负责人首次会面——“张王会”，此前便有数次暗示性及预告性消息传出，包括张王两人在印尼APEC会议期间“偶遇”，并互称官衔；以及国台办后来正式的会面发布，都给予了媒体充足的准备时间。

但这次突袭却打了各大媒体一个措手不及。既有的涉台新闻操作流程已经赶不上，也不可能有充裕的时间制定详尽有效的报道预案。这着实是一次对媒体紧急动员能力与涉台报道经验储备的考验。

由于是涉及最高领导人的会晤，按照既有的经验，地方媒体一般不会参与一线报道。但基于后方解读依然可行的基本判断，4日一早，我们第一时间搜索汇集了来自各方的资料，并采访了数名两岸专家进行解读，这在之后被证明是有预见性的。不仅为此后的报道积累了难得的报道素材与切入角度，也在采写人手紧缺的情况下，打好了提前量，为之后的报道减轻了负担。

4日接到的采访通知让大家喜忧参半。喜的是两岸重大历史时刻南方报业能亲历现场，进行实时报道，这既是一次千载难逢的机遇，也是不可多求的历练。但忧的是，在两岸新闻这一敏感地带，政治风险高、把关难度大，如何在保证安全的情况下，做出自身特色，颇费一番思量。

在集团、报社领导的牵头下，部门领导、前方记者与后方联动记者进行了多次讨论，最终在5日敲定了报道方案和报道方针。在严守宣传纪律与对台报道要求的前提下，我们确定了纸媒与新媒体报道齐头并进的基本思路，并明确了报道方向：积极发挥前方记者在地优势，别出心裁选择切入角度，充分回归本地特点的三个定向。

从之后的报道反响来看，这三个定向为报道团队在可为空间内，建立报道思路、打开报道领域提供了基本依归：比如7日凌晨探"习马会"营地，前方记者深夜2点深入会谈前的场地，抓取了宝贵而丰富的高清大图和独家细节，充分发挥了其他媒体无法取代的临场优势。而后方联动记者在独家猛料基础上，继续深加工，提炼了"怎么握""吃什么""送什么"的三大看点，摸索出有趣安全的报道角度。新媒体产品推出后，在规避报道风险的同时，第一时间抓住了读者敏感点，取得了很好的传播效果。又比如7日的"粤台情缘"稿件，从"广东为何会多次举行两岸重要会谈"这一角度出发，梳理粤台交往中绕不开的"渊源之所"，以趣味性与知识性报道吸引本地受众，并同时在报纸与新媒体上呈现，也取得了不俗的传播效果。

这应该是南方日报历史上首次参与两岸重大新闻事件的直播报道，也是南方＋客户端第一次参与重大新闻战役。作为后方联动的第一责任人，后方联动记者也担负着新闻二次加工与最先审核的角色，是从前方向后方各产品线提供原始产品的中介者。在这场新闻"大会战"中，记者都深深感受到"准备时间紧""写稿时间紧""审稿时间紧"，以及"两线作战压力大"（同时向新媒体与报纸端供稿）"导向把关压力大""协调统筹压力大"这"三紧三大"的重压。

如何化解这"三紧三大"的重压？除了密切与省台办等权威部门的联系，特别值得一提的，是"习马会报道微信群"的中枢作用。报社统筹组织的这个微信群，因为集合了报纸、微博微信、南方＋客户端等各新闻产品线的流程参与者，打破了各产品线信息不对称的弊端，使得"一次采集、多格式生成、多渠道发布"成为可能，既减轻了前方记者的压力，也最大限度地发挥了各产品线的能力与特点。

同时，报道微信群也因集合了记者、编辑、审核领导，从而打通了采编发各个环节。特别是在"习马会"直播环节，前方记者第一时间传回的图片、文字能够在微信群被及时编辑、审核，最大限度地保证了报道的时效性。这一探索或可为地方党媒参与重大历史事件直播报道提供一些经验。

（作者曹斯、骆骁骅系南方日报记者）

做出重大时政新闻的纵深感

□吴斌

吴斌

作为两岸关系 66 年来最重要的历史事件，每一家媒体都不会错过“习马会”的报道。而与其他时政事件相比，“习马会”可谓突如其来。从 11 月 3 日深夜台湾媒体爆出消息，到 4 日国台办证实，再到 7 日下午“习马会”历史性的握手，留给媒体的时间很少。

11 月 8 日，南方都市报以 12 个版的体量从各个角度报道了“习马会”，拿出了南都在重大新闻事件中不缺席并能够发出独特声音的姿态。

力求以纵深感取胜

现场始终是新闻最重要的元素之一。成功抵达“习马会”现场的前方记者通过细微观察与记录，完成了一篇《80 秒创造新历史——两岸领导人 66 年来首次会面，揭开历史新的一页》，成为整组报道的开门之作。

在经历过多次重大政治新闻事件的报道之后，编辑和记者之间已经形成共识：尽管南都是面向大众的都市类报纸，但不要满足于重大事件的现场和其他花边新闻，而是应该在中央级媒体的报道之外，主动出击，进行高端时政新闻的采编。这也是南都时局新闻版 2009 年从国内新闻中独立出来时就订立的志向。

因此，在我们的自采稿件中，《“习马会”是如何水到渠成的？》《世界眼中的"习马会"："最显著的往前一大步"》《"习马会"的六个焦点话题》占到的分量尤其重，也是整组报道中记者和编辑倾注最多心力的。

《"习马会"是如何"水到渠成"的？》通过梳理两岸有关领导人和政治人物在近两年多时间里的历次相关表态，以一种基于更历史的视角、更长期的分析和判断，回答了"习马会"如何促成、时机如何选择、为何选在新加坡举行等必要的背景。

在媒体的同题比拼中，能够以角度取胜。在新媒体逐渐占据新闻主流的时代，传统媒体的价值在于对第二落点的把握。一位南都的前辈曾表示，在全国时政要闻的第一发布权上，地方媒体显然远逊于"中央军"。但地方媒体也并非无可作为，利用已公开的信息进行整合，做纵深分析，可以实现新闻的增值。这是南都的优势。这篇稿件也体现了我们在报道重大事件时，不止于表面，而是尽力挖掘，做出新闻的纵深感。

除了努力寻找第二落点，南都也敢于切换视角。在《世界眼中的"习马会"："最显著的往前一大步"》一稿中，记者第一时间梳理了世界主流媒体对"习马会"的政治和经济分析，力图获得更大的信息增量。

前方后方密切配合

《"习马会"的六个焦点话题》也是一个深挖时政新闻的例子。对于这次历史性的会晤，编辑将习近平和马英九的致辞全文刊发。但对于双方讲话中释放的政治信

南方都市報 星期天

这历史性的一步

"习马会"

重点 03

80秒 创造新历史

两岸领导人66年来首次会面，揭开历史新的一页

安检排长龙 延迟1小时入场

习近平马英九分别佩戴红、蓝领带

马先生的见面礼："台湾蓝鹊"和"马祖老酒"

习马晚宴主食：担担面

12 重点

中新发布联合声明：

建立与时俱进的全方位合作伙伴关系

中新同意启动
自贸协定升级谈判

习近平新加坡国大演讲
听众称其对新加坡很了解

中新关系“与时俱进”25年

“习马会” 重点 11

两岸民众享过哪些和平红利？

过去7年多两岸协商签署23项协议，涵盖交通、旅游等领域

两岸三通
定期客运航班每周890班

文教交流
9.6万大陆学生赴台就读

一带一路
欢迎台胞积极参与

ECFA签署
台湾对大陆连续4年贸易顺差

号，普通读者需要一个专业解读。

为此，后方记者采访了中国社科院、厦门大学台湾研究院的多位台湾问题研究专家，解读了此次“习马会”6个值得关注的焦点话题，在第一时间提供必要的时政分析前瞻与解读，包括：如何看待双方重申“九二共识”？ 两岸领导人会面会不会常态化、机制化？如何看待这次会谈中双方取得的成果？

没有现场是万万不能的，但现场也不是万能的。历经多次时政要闻的报道，采编队伍得到的一个经验就是，后方记者能做的或许比前方记者还要多。实际上，后方若能配合好前方，报道就已经成功了一半。

在 600 多名中外记者参与采访的现场，我们的前方摄影记者占据了相对有利的位置，发挥了现场原创摄影优势。南方都市报从封面大气而具历史感的主图，到内版用图，稳重而恰到好处地记录与呈现了“习马会”的历史感；封面整版图片，为南都记者现场所拍摄，大气磅礴，生动饱满，冠以“这历史性的一步”竖行大标题，打破常规，震撼出场。

前方文字记者除了观察，也尝试用视频社交软件，以记者个人化的视角记录下习近平和马英九相向步行握手、挥手的珍贵一刻，并第一时间以“习马入场！南都直击历史性握手”为题发布，几乎在社交平台上秒杀所有文字消息，还原了握手瞬间最真实的场面。数千网友一时间纷纷点赞“真快”，获得很好的传播效果。

而后方记者也有神威。后方一名对台海问题一直保持关注的记者，通过电视直播画面，辨认出两岸双方出席这场历史性会晤的12人名单，而这也与该记者早先的判断完全吻合。后方记者迅速将已经准备好的稿件发出，在时效性上遥胜不少媒体。

版面逻辑架构清晰

一位南都前辈读报之后表示，关于“习马会”的整组报道，最大特点是逻辑架构清晰。而这无疑是后方编辑的功劳。包括头版和评论版，南都共用了12个版来报道“习马会”，既有现场观察，也有深度延展。对“习马会”的焦点解读和两岸关系发展的梳理等，进行了专业、深度、独家的解释，“充分发挥了南都在重大政治新闻报道上的准确把握力及报道张力。”

此外，编辑还梳理了十八大以来习近平发表过的重要的对台政策言论，从中提取关键词，体现出中央一贯的对台政策思路。在报道最后，还梳理了两岸民众得益于台海关系的和平稳定与发展而享受到的和平红利和具体的惠民红利，并进行未来展望，体现了南都作为都市媒体对这一事件全面、深入的观察。

编辑的努力，让报纸的版面呈现端庄大气又不失活泼，逻辑层次清晰。整组报道有现场、有解释、有背景、有述评，利用多元的新闻可视化呈现方式，立体而丰富地呈现了“习马会”这一历史性事件，正如新华社在《南方媒体浓墨重彩报道“习马会”》一稿中所言，“一气呵成，厚重且深度地完成了对这一历史时刻的全记录。”

（作者系南方都市报记者）

从世奢会名誉侵权案看媒体的合理审查义务

□许浩

许浩

11月9日，备受关注的世奢会（北京）国际商业管理有限公司（以下简称世奢会）与《南方周末》《新京报》的名誉权纠纷案在北京市第三中级人民法院二审宣判。法院认定相关媒体的报道具备事实依据，驳回世奢会的所有诉讼请求。此案因为对相关司法判决的指导思想及媒体相关行业规范产生了极大影响，曾入选2014年度中国十大传媒法事例。

2012年的6月14日，《南方周末》刊登了题为《廉价世奢会》与《他原来是一个演员，世奢会中国代表处首席执行官欧阳坤前传》的文章。同年6月15日，《新京报》刊登了题为《世奢会被指皮包公司》的文章。

世奢会认为上述新闻报道使用世奢会的企业字号直指其名，涉案文章系负面不实报道，严重侵害其商业信誉和公司权益，为此分别将新京报社、南方报业传媒集团等告上法庭。世奢会请求法院判决四案被告承担相应的侵权责任。至此，形成了世奢会名誉权纠纷、网络侵权责任纠纷四个关联案件。

笔者认为此案二审判决书的说理部分十分精彩，是一段足以载入中国法治和新闻史的经典判词。从判决书可见，此案法官不但有深厚的法学理论功底，还非常了解新闻行业的运行规律，划清了媒体侵权责任和媒体正当行使舆论监督权的法律界限。

在此案中，媒体是否违背其作为媒体的审查义务是关键性问题之一。

由于中国目前尚未制定《新闻法》，在界定媒体舆论监督权和侵权违法传播之间的法律尺度阙如。在如何界定媒体是否履行合理审查义务问题上，缺少可供参考的标准。

世奢会名誉侵权案的二审判决书，详细阐明了此问题。笔者根据此判决书分析在名誉侵权案件中如何界定媒体的合理审查义务，希望借此为媒体从业人员提供参考，防范新闻报道中可能遭遇的法律风险。

合理审查是关键

在此案中，媒体是否违背其作为媒体的审查义务是关键性问题之一。

2014 年 2 月 26 日，北京市朝阳区人民法院对此案作出一审判决，认为南方报业、新京报社作为传统媒体，对媒体从业人员撰写、发表报道或文章，负有较高的真实性审核义务。而被告《南方周末》报社刊登的《廉价世奢会》和《新京报》报社刊登的《世奢会被指皮包公司》文章中，存在多处不实言论，违背了其作为媒体的审核义务，继而导致其他媒体大量转载，其行为已经构成对原告世奢会名誉权的侵害。故判令两被告刊登致歉声明，向世奢会赔礼道歉、消除影响、恢复名誉。

北京市第三中级人民法院对此案作出二审判决，法院认定相关媒体采写《世奢会》的调查报道具备事实依据，并履行了合理审查义务，撤销一审判决并驳回世奢会的所有诉讼请求。

这意味着，新闻媒体是否尽到合理审查义务是此类案件中的关键问题。

新闻名誉侵权属于一般侵权。与一般侵权构成要件一样，名誉侵权行

02 社论 2015年11月10日 星期二

世奢会案终审，为舆论监督确权

南方报业传媒集团
主管主办
南方都市报社出版
全国统一刊号
CN44-0175

报料有奖
全国4008866166
广州(020)87388888
南都在线新闻QQ:
800020106

广告经营许可证号:
440000100165

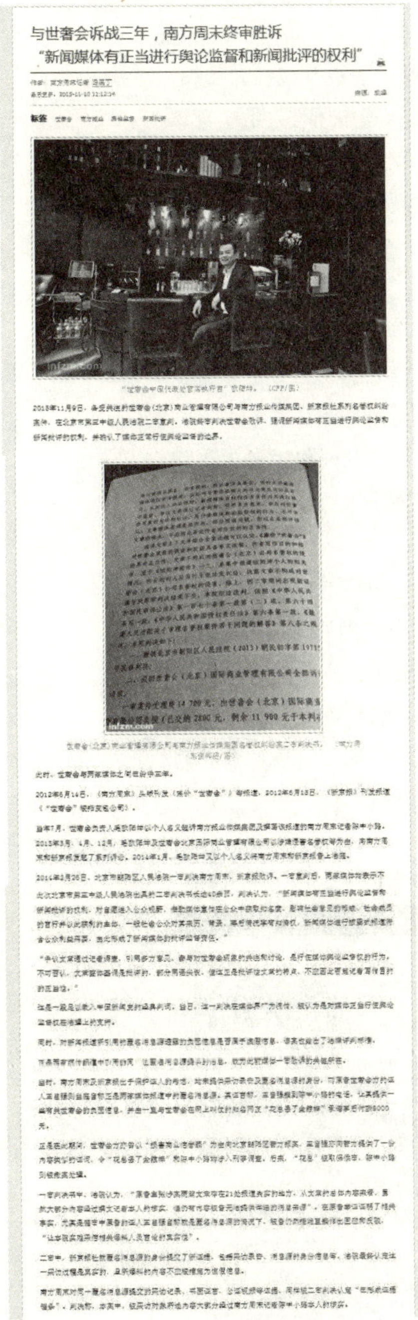
与世奢会诉战三年，南方周末终审胜诉
“新闻媒体有正当进行舆论监督和新闻批评的权利”

为的构成也应当从受害人确有名誉被侵害的事实、行为人行为违法、违法行为与损害后果之间有因果关系、行为人主观上有过错这四个方面来认定。

但是由于媒体行业的特殊性，它和一般的侵权又存在明显的区别，不能简单按照一般侵权新闻的要件去判定是否构成侵权。

新闻媒体是公民实现表达自由权的重要途径。新闻媒体享有表达自由，既满足了公众的知情权，又承担对社会的政治生活、经济生活、文化生活等方面实行舆论监督的职能。正因如此，在大多数法治国家，法律要对新闻媒体采取一定的“特殊保护”。

如何划清新闻媒体的舆论监督权利和侵权责任的法律界限？如何在新闻媒体表达自由和民事权利保护之间进行平衡取舍？这是理论和司法实践中的难点。

在“世奢会案”的判决书中，法官对于上述问题作出了清晰的界定，即新闻媒体只有违背了真实性审核义务、故意歪曲事实进行不实报道，或者因过失未尽合理审查义务导致不实报道的，才构成侵权。反之，新闻媒体没有歪曲事实、没有进行不实报道的主观故意或过失，且有合理可信赖的消息来源为依据，则不应承担侵权责任。

在新闻媒体侵权责任中的过失，就是其未尽到注意义务。新闻媒体是具有高度专业技能的行业，在实施传播时，应当负有高度的注意义务。需要对刊发的新闻稿件负有事实真实性的审查、核实义务。未履行该义务，属于违反了新闻媒体的高度注意义务。

在司法实践中，原告方要证明新闻记者在写稿时存在“歪曲事实的主观故意”是非常困难的。相比之下，证明记者有“过失”

比较容易。所以，新闻媒体应该严格履行合理审查义务。

法院如何认定报道尽到合理审查义务

但是，新闻媒体毕竟不是拥有调查权力的国家司法机关或权力部门，所拥有的资源和采访手段有限，不可能对一篇新闻报道中所涉及的全部事实进行逐一核实。另外，为了满足公众的知情权，为追求时效性，媒体只能在一个特定的时间段内做出报道，往往不能完全做到百分之百的客观真实。比如，一篇新闻报道中涉及的 10 处事实，有 3 处与客观事实不相符，在这种情况是否要认定媒体报道失实呢？

在“世奢会案”二审判决书中，法院认为在名誉权诉讼中，对于新闻报道中所引用的单一爆料的负面信息是否属于虚假信息，应当结合名誉权侵权责任的构成要件，正确适用举证责任分配规则进行判断。

该案中化名“张帆”的被采访对象 XX 所述内容大部分经过陈中小路（南方周末原记者）本人的核实，但亦有部分内容属于未经核实的单一爆料信息。

尽管被采访对象 XX 所爆料的部分内容属于单一爆料的负面信息，但作为相关活动的实际承办方，世奢会就爆料内容涉及的相关内容未能提供相反证据以证明其确系虚假信息，而世奢会申请出庭的王自强等人的证言，也不能证明化名“张帆”的人系被收买的虚假爆料人。在此情况下，从举证责任分配的角度，法院难以认定被采访对象 XX 的爆料内容系虚假信息。

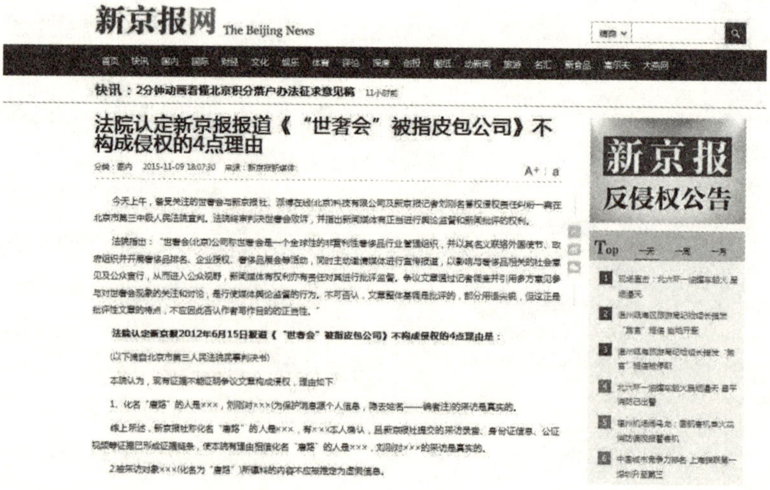
新京报网 The Beijing News

快讯：2分钟动画看懂北京积分落户办法征求意见稿

法院认定新京报报道《“世奢会”被指皮包公司》不构成侵权的4点理由

2015-11-09 18:07:30

今天上午，备受关注的世奢会与新京报社、……及新京报记者刘刚名誉权侵权责任纠纷一案在北京市第三中级人民法院宣判。法院终审判决世奢会败诉，并指出新闻媒体有正当进行舆论监督和新闻批评的权利。

法院指出：“世奢会(北京)公司称世奢会是一个全球性的非营利性奢侈品行业管理组织，并以其名义联络外国使节、政府组织并开展奢侈品排名、企业授权、奢侈品展会等活动，同时主动邀请媒体进行宣传报道，以影响与奢侈品相关的社会意见及公众言行，从而进入公众视野，新闻媒体有权利亦有责任对其进行批评监督。争议文章通过记者调查并引用多方意见参与对世奢会现象的关注和讨论，是行使媒体舆论监督的行为。不可否认，文章整体基调是批评的，部分用语尖锐，但这正是批评性文章的特点，不应因此否认作者写作目的的正当性。”

法院认定新京报2012年6月15日报道《“世奢会”被指皮包公司》不构成侵权的4点理由是：

(以下摘自北京市第三人民法院民事判决书)

本院认为，现有证据不能证明争议文章构成侵权，理由如下

1. 化名“唐路”的人是×××，刘刚对×××(为保护消息源个人信息，隐去姓名——编者注)的采访是真实的。

综上所述，新京报社称化名“唐路”的人是×××，有×××本人确认，且新京报社提交的采访录音、身份证信息、公证视频等证据已形成证据链条，使本院有理由相信化名“唐路”的人是×××，刘刚对×××的采访是真实的。

2.被采访对象×××(化名为“唐路”)所爆料的内容不应被推定为虚假信息。

新京报

反侵权公告

Top 一天 一周 一月

此处，法院明确按照“谁主张、谁举证”分配举证责任，由原告承担证明“报道失实”的举证责任。恰恰是原告在二审中不能提供更加有力的证据证明这一点，是最终导致败诉的关键点。

新闻媒体只有故意歪曲事实进行不实报道，或者因过失未尽合理审查义务导致不实报道的，才能构成名誉侵权。

需要注意的是，司法机关对新闻报道真实性的认定标准是“基本内容属实”，即在审理媒体侵权案件的过程中，法院并不要求报道绝对真实，而是要求达到报道的基本内容真实即可。

《最高人民法院关于审理名誉权案件若干问题的解答》第八条规定：因撰写、发表批评文章引起的名誉权纠纷，人民法院应根据不同情况处理：文章反映的问题基本真实，没有侮辱他人人格的内容的，不应认定为侵害他人名誉权。文章反映的问题虽基本属实，但有侮辱他人人格的内容，使他人名誉受到侵害的，应认定为侵害他人名誉权。文章的基本内容失实，使他人名誉受到损害的，应认定为侵害他人名誉权。

这意味着，根据新闻报道工作的特性，媒体只要清楚地载明信息的来源，忠实地反映信息的原貌，就足以证明它尽到了注意的义务，实现了新闻真实。

对单一消息源如何审查

新闻媒体对于自己发布的新闻负有审查义务，核实的内容之一就是对消息来源进行把关审核。在只有单一消息源时，从新闻报道的规范要求来看，则更应尽到审慎的注意义务。

司法机关认为，新闻媒体在以被采访对象的口述作为消息来源时，口述内容的不确定性、被采访对象的主观倾向性、消息来源的非官方性与非权威性等因素，都有可能影响报道的客观性。

匿名信息源是媒体获取重大新闻极为重要的途径。在西方新闻史上，许多载入史册的新闻报道，比如“水门事件”“五角大楼事件”等，都是通过匿名信息源刊登于报纸的。

新闻媒体刊发的调查性报道往往由于涉及揭露社会阴暗面、政治权力与市场权力违法犯罪等种种黑幕，其调查取证十分困难。所以，大多数是单一消息源；且爆料者又往往与被监督对象存在利害冲突，比如离职员工、竞争对手、发生纠纷的合作伙伴等，出于自身安全考虑，往往会要求新闻媒体匿名消息来源。

在“世奢会案”二审判决书中，对新闻媒体如何尽到审慎的注意义务，给出了明确的操作指引。

具体内容如下：按照客观报道的要求，报道人应当做到：1.应结合口述内容正面还是负面、相关事件是被采访对象亲身经历还是转述、被采访对象所在岗位与相关事件的关联性、被采访对象是否与公司存在利益冲突，以及是否已离职、离职原因、是否要求化名等因素，综合判断口述事件的可采性；2.口述内容涉及被报道对象的负面信息，且口述者与被报道对象可能存在利益冲突时，应避免以口述内容为单一消息源；3.上述第2点涉及的负面信息在没有其他消息源佐证或通过实地调查仍无法确信属实时，应避免直接引用。

廉价“世奢会”

媒体如何履行合理审查义务

“世奢会案”二审法官尊重新闻行业的运行规律，合理分配举证责任，给舆论监督提供了一个相对宽松的司法环境。但也应该注意到，在判决书中，司法机关对于新闻媒体应尽的合理审查义务提出了相应的要求。

新闻媒体及其所属的编辑、记者该如何履行合理审查义务呢？

民法专家、中国人民大学法学院教授杨立新主编的《中国媒体侵权责任案件法律适用指引》，是司法实践中人民法院审理媒体侵权责任纠纷案件的参考书。

杨立新教授认为，新闻媒体对其发布的新闻负有审核义务，审核的内容包括新闻稿件是否真实、语言措辞是否得当、舆

他原来是一个演员
世奢会中国代表处首席执行官欧阳坤前传
肤浅被重复10万次也不会变得深刻。真的新闻，在这10万次也未被说尽的深度里。

论导向是否正确等方面，并且据此来确定新闻稿件是否能发表。对于刊发的新闻稿件所陈述事实的真实性，要进行认真核实。

对于陈述性语句是否有相关有力的证据支持，人名、地名、情节、数字等是否真实准确，记者和编辑都应该进行谨慎、严密的核实。

此外，新闻媒体的编辑记者也需要借助生活常识和工作经验来辨别真伪，运用逻辑知识进行推理分析，并对报道中的每一具体的人和事，甚至关键细节，逐一加以核实，必要时必须到新闻源头进行实地采访核实。

更为重要的是，新闻媒体及其工作人员对报道进行审查、核实，需要保存证据，没有证据证明则不能认定媒体尽到审查义务。

这就要求新闻媒体及记者有很强的证据保存意识，即“人们在社会生活和交往中对证据作用和价值的一种觉醒和知晓的心理状态，是人们在面对纠纷或处理争议时重视证据并自觉运用证据的心理觉悟。”

在新闻采访中，记者要注意保存以下两个方面的证据：1.新闻媒体记者采写新闻报道的完整过程的证据；2.新闻媒体及其工作人员已对报道进行的审查、核实证据。

在“世奢会案”二审判决书中，法院认为，该案中化名“张帆”的被采访对象XX所述内容大部分经过陈中小路本人核实，但亦有部分内容属于未经核实的单一爆料信息。如果《南方周末》不能举证证明陈中小路对上述问题进行了核实，极有可能被法院认定媒体未尽到审查义务。

（本文部分内容观点参考引用了中国人民大学杨立新教授主编的《媒体侵权与媒体权利保护的司法界限研究——〈中国媒体侵权责任案件法律适用指引〉及释义》，以及北京大学张千帆教授所著《宪法学导论》）

（作者系北京京师律师事务所高级合伙人）

世奢会官司，媒体是险胜

□周筱赟

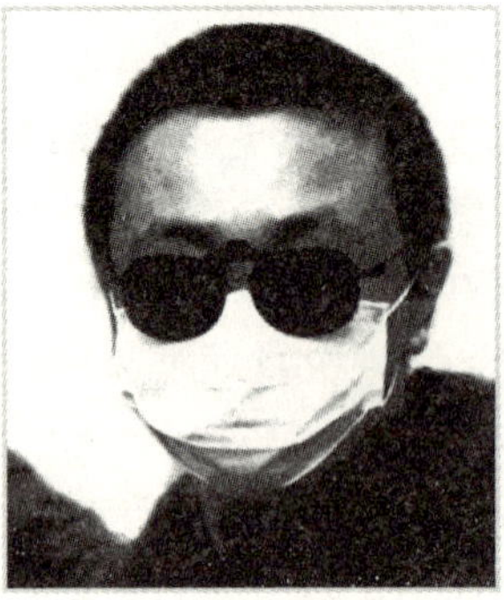

周筱赟

2015年11月9日，世界奢侈品协会欧阳坤诉新京报社、南方报业集团名誉权纠纷案，在北京市第三中级人民法院二审宣判。法院认为媒体的相关报道具备事实依据，驳回世奢会所有诉讼请求。这意味着，从2012年6月《新京报》刊发《“世奢会”被指皮包公司》、《南方周末》刊发《廉价“世奢会”》到世奢会起诉媒体，经一审、二审，历时三年多，一场媒体与世奢会的官司，以媒体的胜诉而告终。这也算得上是2015年记者节（11月8日）难得的一抹亮色吧。

该二审判决书在微信被刷屏，其中“新闻媒体有正当舆论监督和新闻批评的权利”等段落，受到众多网友、尤其是媒体人的点赞，被誉为足以载入新闻史的经典判词。媒体有正当的舆论监督权，本是常识，毋庸再议，我更想讨论的是：此案中媒体为何一审败诉?

此前，2014年2月，北京市朝阳区人民法院一审判决媒体败诉，引起舆论大哗。败诉的关键原因在于，世奢会方的证人王自强在一审中当庭自称就是两家媒体报道中的匿名信源（《新京报》的“唐路”和《南方周末》的“张帆”，即同一匿名信源），称记者要求提供负面信息并承诺付费。尽管媒体方指出采访录音可以证实匿名信源为女性，而证人王自强是男性，但由于匿名信源未出庭作证，导致一审法院直接采信了世奢会方的证人证言。一审判决书称：“在原告举证证明了相关事实，尤其是庭审中原告的证人王自强自称就是‘张帆’的情况下，被告仍然拒绝直接作出回应和反驳，让本院实难采信相关爆料人员言论的真实性。”虽然这一判决很荒唐，但实在也是让人无可奈何。

二审中，匿名信源同意作证，是本案逆转的关键。尽管证人并未出庭作证，但是出具了书面证言及公证视频，并曝光了身份信息、工作名片等，这已属难能可贵。这次二审胜诉，媒体真的完全是“险胜”——如果报道中的匿名信源拒绝作证（媒体出于保护信源的职业道德，也不能强迫他（她）出庭作证），结果会是怎样？很大的可能性就是二审维持一审原判，媒体仍然败诉。在中国，不论是刑事诉讼还是民事诉讼，证人出庭作证的比例非常低，担心遭报复是重要原因之一。

那位匿名信源愿意接受采访已属不易（深度调查报道中，找到愿意接受采访的内部线人非常难），如果强制要求他（她）作证而曝光身份，实在属于苛求。但是，如果匿名信源不作证，媒体就要承担败诉的高风险，而作证就会导致身份曝光。这一难题，该怎么破解？

我在《新闻界》2015年第12期发表了近万字的论文《新闻报道应引入刑事证据规则规避法律风险：从新闻专业主义到法律专业主义的分析》，建议深度调查报道应当引入刑事证据规则，重实物轻人证，尤其不以人证作为核心证据，从而有效规避法律风险。实物证据客观性比较强，而言词证据容易发生反复。我近年来揭露多起重大社会公共事件，从未被起诉。我的经验就是：只采信书证物证，不采信任何人证，哪怕是核心当事人。

目前很多深度调查报道，大量采用“知情者称”“内部人士披露”“消

今日头条 你关心的 才是头条

首页 动态

三年后，新京报和南方周末终于赢了世奢会

2015-11-09 17:58

纷争三年，世奢会与南方周末、新京报两家媒体的恩怨终有定论。

今日，世奢会北京国际商业管理有限公司（以下简称“世奢会”）诉《新京报》、南方报业传媒集团名誉权纠纷案，分别在北京市第三中级人民法院二审宣判。法院认定相关媒体的报道具备事实依据，驳回世奢会的所有诉讼请求。

息人士透露"之类的匿名言词证据作为核心证据（法律上称为"传闻证据"），而没有任何书证或物证作为旁证，甚至一些知名报道也是如此。证人今天这么说，但明天又可能那么说，又未经公检法固定证词，正所谓口说无凭。如果用言词证据作为报道核心证据，即使有至少三个不同来源的匿名信源，我认为也存在非常高的法律风险。

在刑事案件中，只有口供和证人证言是不能定罪的。《刑事诉讼法》第 53 条明确规定："对一切案件的判处都要重证据，重调查研究，不轻信口供。只有被告人供述，没有其他证据的，不能认定被告人有罪和处以刑罚。"而另一方面，只要有确凿的实物证据，即使当事人不承认，同样可以定罪。书证物证可以对抗人证。上述法条规定："没有被告人供述，证据确实、充分的，可以认定被告人有罪和处以刑罚。"

但是在中国传统司法实践中，一直重口供轻物证，直到现在，口供还是某些刑事办案人员心中的"证据之王"，往往是只要当事人承认就能定罪。这就是刑讯逼供屡禁不止的根本原因。所以才导致佘祥林、赵作海、呼格吉勒图等冤案的发生。2013 年 10 月，最高人民法院印发《关于建立健全防范刑事冤假错案工作机制的意见》，强调"切实改变'口供至上'的观念和做法，注重实物证据的审查和运用。只有被告人供述，没有其他证据的，不能认定被告人有罪。"而在新闻报道中，确定事实的核心证据，同样有重言词轻物证的倾向。

起底"世奢会"

2013-06-26 02:32:28 新京报

第一届唐山奢侈品展上的阿斯顿·马丁跑车，该照片由"世奢会"提供，在展会结束前一天被开走。

"商业性"皮包公司自称国际非营利组织，各地举办活动敛钱、发布来源不明数据

一家来路不明的世界奢侈品协会，一直奔忙于全国的各种展会、颁奖、授牌、论坛等活动，一直发布大量来源不明却广为传播的数据，在赚取利益的同时，还获得了影响力和名声。在被网友和媒体揭露后，该协会则利用各种手段予以打击报复。

继"世界奢侈品协会"（以下简称"世奢会"）被指"山寨组织"及涉嫌多宗造假的消息被多家媒体曝光后，与其关联的世奢会（北京）商业管理有限公司，涉嫌在办理公司注册登记时，提交虚假商标授权证明和虚假的企业住所证明。

昨天，北京市工商局东城分局召开听证会。调查人员称，按照公司登记管理相关规定，拟对该公司吊销营业执照。该公司代理人对上述调查予以否认，认为不具备吊销条件并请求撤案。

非营利组织在华敛钱

"世奢会"网站称其为非营利组织，但其在中国的公司收取费用办活动，14个国家代表处无法查到

"世奢会"究竟是个什么组织？其官网至今仍宣称，该组织是国际非营利组织成员，总部在纽约，是目前全球最大的奢侈品研究与管理的权威组织，在国际上共有14个国家代表处。

但对这家公司抱有怀疑的网友"花总丢了金箍棒"（下称花总）检索了美国非营利组织数据库，并未找到该组织。该组织于2008年7月在美国特拉华州注册，但注册资料显示，性质是"商业性的"。

"世奢会"在中国以世奢会（北京）国际管理有限公司名义做活动，其在中国区首席代表和执行官为毛欣阳坤。据该公司称，他们不能以"世奢会"的名义，所以注册公司来举办活动，并收取活动费用。在"世奢会"官网上，罗列了从2008年至2012年多个展会、活动。

"世奢会"一名离职员工唐路（化名）说，"世奢会"在接受相关合作款项时，均打入管理公司账户，但从来不开发票，理由是"非营利性机构"。

有企业坚持索要发票后，管理公司出示过署名"北京世都公路发展有限公司"，的假发票。

除了无法证实的非营利性，"世奢会"号称的14个国家代表处也无法查到。

唐路说，他工作期间从未见过任何兄弟代表处的信息，所有的政策都出自毛欣阳坤，有事情他也"找不到总部和更高层级的领导可申诉"。

毛欣阳坤接受新京报采访时，也表示无法提供其他国家代表处的名称及联系方式。

涉嫌商标造假

工商局调查显示，世奢会（北京）商业管理有限公司涉嫌商标注册证、注册地签名造假，法定代表人行踪成谜

昨日，在北京市工商局东城分局召开听证会上，调查人员对世奢会（北京）商业管理有限公司的造假行为进行了说明。

调查人员表示，该公司向登记机关申请登记核准时，提交的商标注册证上注册人为"世界奢侈品协会

2012年6月18日，山东某报发表报道《筹组三大集团 铁道部政企分开》，称铁道部正在谋划成立三大集团，改革方案将于10月份落定。记者的信源，报道中称是“记者从相关部委、铁路建设系统及相关大型国有企业的高层等多个消息渠道证实”，显然采信了匿名的言词证据，这一言词证据显然证明效力非常薄弱，而并未获得该改革方案的书面文本。随后，铁道部在回应中，称此报道纯属造谣。在强大压力下，该报刊发《致歉声明》，记者也遭到处分。而半年之后，在2013年2月的两会上，铁道部被撤销，成立铁路总公司，行政职能并入交通部。这说明该报道并非空穴来风。

而我在2012年9月从多个不同信源处获悉铁道部12306订票网站投入高昂，远超当时媒体报道的3亿多元。但如果仅凭言词证据就发布，显然法律风险太高。2012年10月，我突然从匿名线人处获得两份铁道部总计超过2亿元的合同原件图片，经过多方验证，证实了真实性（详细验证过程见《南方传媒研究》第54辑的《保护线人的三重境界》一文）。这就补强了原有言词证据，证实12306订票网站投入超过5亿元。我发布后，铁道部的反应却截然相反，尽管我此后将拒绝公开12306订票网站投入详情的铁道部告上法庭，铁道部依然一声不吭。多名记者向铁道部求证，铁道部拒绝回应。这就是实物证据和言词证据的效力区别。

在新闻报道中，当然不可能达到刑事案件定案的严格标准，媒体人也不可能完全排除使用言词证据。但如果在新闻实务中引入法律专业主义的证据规则，就可以大幅度降低法律风险，确保报道事实的法律真实性。这在当下的舆论环境和法制环境下，尤其显得必要。“世奢会案”，媒体真是“险胜”啊！

（作者系知名网络爆料人）

资本来袭
——互联网传媒业走向主流化之观察

□支庭荣　谢振宇

支庭荣

当雷声滚过乌云，当闪电照亮大地，互联网传媒业正随风暴而来，重塑视听世界的秩序。从技术中崛起的新一代精灵，沐浴着资本的光芒，或被资本裹胁着，就这样奔向了人间，从头到脚，都滴着未知而欲知、柔顺而暴戾的东西。

无论褒贬，互联网的巨大影响力、互联网＋的迅猛势头，不只是将互联网传媒业推上风口，而且必将推动它的主流化。互联网传媒业的整体运作规模和水平，将会有一个质的提升。依托于互联网的数字新媒体，也可以而且应当荡涤浮尘，清除阴霾，协力还原一个清平爽净的线上世界。

阿里大点兵　BAT围猎舰队街

虽然一时一地的抉择，不代表万世不变的垂青，但是互联网新贵们确实左勾右直，迅猛出手连续打开一扇扇媒体的窗口。2015年12月，阿里巴巴集团对《南华早报》的收购，是一连串资本运作组合中的一个有劲道的动作。除了旗舰报纸外，其他相关业务尽入彀中。又一个媒体帝国的影子若隐若现。

作为BAT巨头之一，阿里在传媒行业的投资越来越密集。与百度、腾讯占据信息门户、信息平台的领先优势相比，阿里正在化被动为主动，意在建设涵盖纸媒、影音、视频、微博、数据等全媒体化的产品矩阵。产品矩阵的背后，则是口碑的汇集和话语权力的张扬。

近几年，国内外传统媒体业的转型与搏杀可谓人在征途，资本的到来适逢其会。有的悄然离场，有的华丽转身，有的尽量调整自己的姿势，拥抱下一个呼啸的可能。恰在此刻，野蛮的商业世界接续了新的操盘手。或许互联网大鳄永远不可能仅仅满足于拥有比特币，它们的基因里对世俗社会的窥探和控制欲，从来就不曾掩饰过。

天下武功原本“无快不破”，但那指的是单兵及短兵相接。当代的互联网竞争不仅针对单一的产品，而且涉及产品集群和矩阵，兵团作战的围猎模式往往“无坚不摧”。BAT 甚至携起手来，彼此提防的同时彼此呼应。腾讯凭借其强大的流量和社交属性，演变出门户网站的传媒功能，然后接连投资地方网站以及投资财新，微信还为人们创造了一种新的生活形态。百度的事业线，正面看是信息，反面看就是媒体。阿里也从草莽电商出发，逆袭成为高大上的意见领袖。

表1　阿里谋局媒体落子如飞

类型	时间	媒体	备注
传统媒体	2015.12	南华早报	收购
	2015.6	第一财经	12亿元入股成第二大股东
	2014.6	21世纪传媒	与其他财团联合投资5亿元
	2014.4	华数传媒	入股
	2013.4	商业评论	战略投资
新兴媒体	2015.10	封面传媒	与四川日报集团合作
	2015.9	无界	与财讯集团、新疆网信办联合
	2014.6	虎嗅网	入股
	2013.4	新浪微博	入股
影视	2015.3	光线传媒	24亿元入股成第二大股东
	2014.11	华谊兄弟	与腾讯联合投资36亿元
	2014.4	优酷土豆	注资

但是，商业帝国的逻辑与媒体其实不尽一致。作为一种投资，不妨以利润为杠杆调度进退，即使不为赚钱也无可厚非。到目前为止，贝索斯对《华盛顿邮报》的出手更像是一场拯救。倘若情怀至上，或刻意地将公关需求与新闻伦理相混淆，则未必是媒体的幸运。阿里副主席蔡崇信在致《南华早报》读者的信中强调，报纸将继续保持采编独立，以客观、准确与公平的方针报道新闻。这应该是商业巨子们的过人之处。

APP 发飙　客户端大战自媒体

在互联网攻城略地的同时，新闻客户端逐步成为移动互联背景下传媒业致力开拓的一片沃土。CNNIC 数据显示，截至 2015 年 6 月，我国手机网民达 5.94 亿人，占全国网民总数的 88.9%。搜索引擎、网络新闻作为互联网的基础应用，使用率均在 80% 以上，手机网络新闻的网民使用率为 77.4%。这一良好的用户基础成为移动端新业务的蓄水池。

随着移动互联网的发展，传统媒体介质、PC 端、移动端隐然成为传媒业的三极。在 PC 端新闻网站试图摆脱传统媒体在内容资源、采编安排等方面的限制而不可得的时候，手机新闻客户端能够成为最具活力的增长点吗？

11 月以来，猛犸新闻、交汇点、上游新闻相继上线，加上早前创办的并读新闻、无界新闻、九派新闻以及南方＋等新闻客户端，2015 年成为新闻客户端发展史上的重要一年。移动端在井喷之下，出现了“东澎湃，西封面，南并读，北无界，中猛犸”或是“东澎湃，西上游，南并读，北无界，中九派”之类的流派分布。准确与否姑且不论，但这确实是一片春暖花开欣欣向荣的景象。

表2　新闻客户端相继上线

名称	上线时间	创办机构	定位
上游新闻	2015.11.18	重庆日报报业集团	依托《重庆晨报》，提供时政、财经深度报道和多样的生活资讯，跟踪解剖社会热点
交汇点	2015.11.17	新华报业传媒集团	集新闻资讯发布、政务查询办理、民生服务、移动化建设于一体的超级互联服务入口
猛犸新闻	2015.11.16	大象融媒+东方今报	为高端时政人群量身打造决策参考，立足中原，直面中国，引领社会思潮
封面新闻	2015.10.28	四川日报报业集团+阿里巴巴	强调“个性化定制”的新型主流媒体
南方+	2015.10.23	南方报业传媒集团	融“新闻、服务、社交”于一体的平台型移动互联网产品，是广东省委省政府权威信息发布平台、南方报业传媒集团官方客户端
九派新闻	2015.9.23	长江日报报业集团	全国性舆论平台、运用大数据技术构建的新媒体产业融合平台
无界新闻	2015.9.16	财讯集团+新疆天山网络传媒+阿里巴巴	以商业为底色的综合性平台，内容集中在思想评论、调查、数据新闻、影像电台等方面
并读新闻	2015.4.15	南方报业传媒集团	以泛用户为中心，提供满足用户资讯信息需求的平台级产品
澎湃新闻	2014.7.22	上海报业集团	原创、互动、严肃、有思想和价值观的，针对都市中高端人群的政经类新闻产品

与如火的热情相比，不得不提的冷峻现实是，新闻客户端也要防范泡沫。年中，Analysys 易观智库发布的研究报告显示，人均单日使用新闻类 APP 数量在 1.11 个以下，这意味着新闻类 APP 纵有三千，用户只取一瓢饮。

目前的移动新闻资讯 APP 市场，已经由腾讯新闻、搜狐新闻、今日头条、网易新闻和凤凰新闻捷足先登。“五大”形成了基本垄断局面，其中地盘最牢固的是门户系，今日头条等原生系的生命力同样极其顽强。新进入者企图撬动现有的用户市场，难度不可谓不高，挑战不可谓不激烈。对于媒体系而言，由于自身的资本实力原本有限，搬运内容固然重要，打造特色固然重要，互动营销固然重要，与政府资源相结合的服务拓展也许更为重要。

新闻网站已经证明并且还将证明，门户的威力和风头完全可以凭借商业的力量野蛮生长，而将新闻内容的原创者们弃置不顾。由媒体集团创办的新闻客户端如果不能充分地依托商业，则需要仰仗行政的支持才能与互联网企业的子品牌，以及各种公号自媒体堪堪平手，或许还会在不同的排行榜上稍逊风骚。

就经营模式而言，自媒休的成本优势，是浸淫多年的老媒体所不可比拟的。当下“新闻＋服务”的模式已成圭臬，同质新闻的价值低微，必须由独家的深度分析来弥补；新闻的成本高企，必须由服务的垄断收益来对冲。内容为王的字面也许未改，其内在的涵义实已今是而昨非。

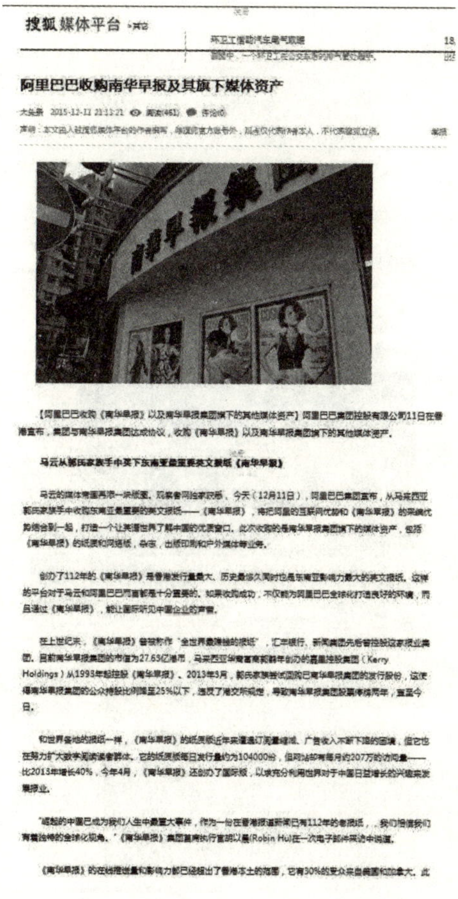
搜狐媒体平台 >其他

阿里巴巴收购南华早报及其旗下媒体资产

大头条 2015-12-11 21:13:21 阅读(461) 评论(0)

声明：本文由入驻搜狐媒体平台的作者撰写，除搜狐官方账号外，观点仅代表作者本人，不代表搜狐立场。

【阿里巴巴收购《南华早报》以及南华早报集团旗下的其他媒体资产】阿里巴巴集团控股有限公司11日在香港宣布，集团与南华早报集团达成协议，收购《南华早报》以及南华早报集团旗下的其他媒体资产。

马云从郭氏家族手中买下东南亚最重要英文报纸《南华早报》

马云的媒体帝国再添一块版图。观察者网综合报道，今天（12月11日），阿里巴巴集团宣布，从马来西亚郭氏家族手中收购东南亚最重要的英文报纸——《南华早报》，将把阿里的互联网优势和《南华早报》的采编优势结合到一起，打造一个让英语世界了解中国的优质窗口。此次收购的是南华早报集团旗下的媒体资产，包括《南华早报》的纸质和网络版，杂志，出版印刷和户外媒体等业务。

创办了112年的《南华早报》是香港发行量最大、历史最悠久同时也是东南亚影响力最大的英文报纸。这样的平台对于马云和阿里巴巴而言都是十分重要的。如果收购成功，不仅能为阿里巴巴全球化打造良好的环境，而且通过《南华早报》，能让国际听见中国企业的声音。

在上世纪末，《南华早报》曾被称作“全世界最赚钱的报纸”，汇丰银行、新闻集团先后曾控股这家报业集团。目前南华早报集团的市值为27.63亿港币，马来西亚华裔富商郭鹤年创办的嘉里控股集团（Kerry Holdings）从1993年起控股《南华早报》。2013年3月，郭氏家族尝试回购已南华早报集团的发行股份，这使得南华早报集团的公众持股比例降至25%以下，违反了港交所规定，导致南华早报集团股票停牌两年，直至今日。

和世界各地的报纸一样，《南华早报》的纸质版近年来遭遇订阅量缩减、广告收入不断下降的困境，但它也在努力扩大数字阅读读者群体。它的纸质版每日发行量约为104000份，但网站却有每月约207万的访问量——比2013年增长40%，今年4月，《南华早报》还创办了国际版，以求充分利用世界对于中国日益增长的兴趣来发展报业。

“崛起的中国已成为我们人生中最重大事件，作为一份在香港报道新闻已有112年的老报纸，……我们相信我们有着独特的全球化视角。”《南华早报》集团首席执行官胡以晨(Robin Hu)在一次电子邮件采访中说道。

《南华早报》的在线推送量和影响力都已经超出了香港本土的范围，它有30%的受众来自美国和加拿大。此

网记获颁证　节操不再是路人

11 月 6 日，人民网、新华网、中国网等 14 家中央主要新闻网站的 594 名记者获颁首批新闻网站记者证。这是新闻网站在母体之外寻求自立自强跨越发展的必要步骤，是进一步强化内容版权保护的预备手段，同时也是互联网媒体逐步主流化的一个力证。

从网编到网记、从水军到网军，是与互联网的自净、成熟、驯化、奉公等社会责任层面的进步密不可分的。虽然政府和公众的合力治理在其中起到了不可替代的作用，行业本身的迭代、演进，从无序到有序的跃迁同样有目共睹。在媒体秩序的重建中，互联网虽然不至于取代所有的传统媒体，但是它的地位必将持续上升。

近年来，商业类互联网站不再简单地复制粘贴，而是逐渐采用购买版权的形式获取新闻资源。当然，版权纠纷依然不时出现。9 月 15 日，《现代快报》起诉今日头条侵权；9 月 28 日，《环球时报》在微博上表达了对社评标题被搜狐改写的不满；10 月 4 日，贵州都市报安顺记者站官方微信公众号发文指网易非法转载；11 月 10 日，无界被卓达质疑无采访权。撇开利益冲突或职业道德等因素不谈，未来的商业新闻网站也需要解决采访资质的问题，前提自然是节操不能碎了一地。

上线

猛犸新闻正式上线
梦想满血复活　人生从此猛犸

但是这没有阻碍传统媒体人义无反顾地投奔新媒体，或从一家新媒体奔向另一家新媒体。这其中既有“源于内心深处的悸动和不安”的秦朔，也有同样需要调节自我的网易副总编颜强、都市快报总编辑朱建、南华早报总编辑王向伟，以及新京报副主编刘炳路等一长串的名字。新媒体企业相对开放、自由、创新、鲜活的内部氛围和高回报是吸引前媒体人的重要因素。在对广东报业的调研中我们发现，传统媒体业规模大、从业人员多、经营包袱重，转型难度不小。在互联网时代，消费者也是生产者，人人说人人听人人传，新闻信息的生产不再是媒体的专利。对此，很多传统媒体没能完全适应，也有很多媒体人主动地弃舟登岸，或赤身下海，这无可厚非。不过另一方面，商业的锁链依然是锁链，只不过变换环境能够唤醒久已沉睡的狮心而已。

因此，哪怕是老媒体，变革与突破也是须臾不可或缺的。10月12日，《南方都市报》在头版二条宣布“全新改版”，精准定位“精英，精致，精品”，推出“众筹新闻”，提供高品质阅读体验。这是南都两年内的第三次改版，也是市场化报业在互联网思维指导下进行的一次自我拯救实验。哪怕是纸媒、哪怕是断崖，也要敢于骑在世界的背上。

这是一个最有张力的时代，也是一个最有压力的时代。操控的意念、不绝的赞弹、横流的物欲、飘忽的梦想、破碎的节操，让一些媒体人把持不定，甚至有人迷失在对纸醉金迷的向往中。所幸，无序逐渐让位于有序，绝大部分的中坚力量在捍卫着、推动着整个行业的转型与发展。“变”，是互联网兴起以来传媒业发展的主旋律。变则通，通则久。

对新闻的追逐，对用户的关切，对市场的敏感，对盈亏的介怀，对发展的渴望，对道义的执着，对变革的坚持，始终是当下传媒业的主线。没有创痛，没有焦虑，其实也就没有真正的欢喜和快乐。

（作者支庭荣系暨南大学新闻与传播学院教授；谢振宇系该院研究生）

强拆之痛

□吴铭

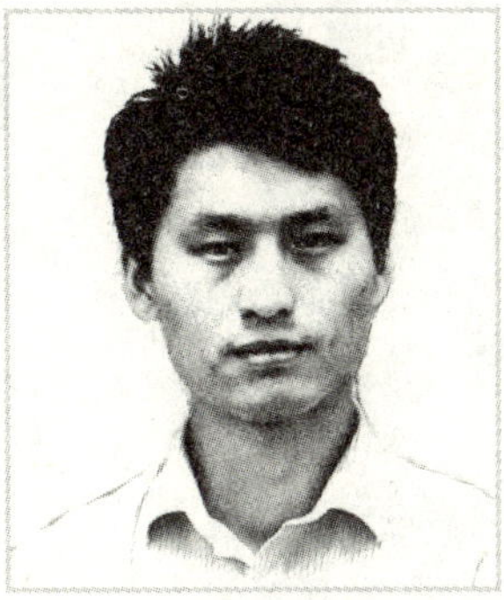

吴铭

2015年9月14日上午，山东省平邑县地方镇东崮社区后东崮村发生一起暴力强拆事件。这次事件中，大火吞噬村民房屋，致使46岁的男主人张纪民窒息死亡。

事发一周之后，调查报告中的定性是："9·14"事件由平邑县地方镇东崮社区强拆引发，排除他人人为纵火，火灾系张纪民自身行为所致。该报告出炉之后，引爆舆论。

而此前，山东已有多起强拆事件成为社会焦点。

一

15日上午，我在去山东济宁嘉祥县采访的路上，接到了同事占才强的电话。他告知平邑县发生了强拆火灾致死事件，希望我能尽快赶往当地采访。

中午时分，后方记者采访到了死者张纪民的侄子张德志以及堂哥张纪友，推出了网稿《网曝山东临沂强拆致人烧死　官方通报称民宅发生火情》，此事迅速成为社会关注焦点。

15日下午结束在嘉祥的采访后，我赶到济宁汽车站，乘大巴车前往平邑县。在与占才强老师电话沟通采访事宜的过程中，我被一再叮嘱：尽量长时间潜伏，避免暴露记者身份。

东崮社区由前东崮、后东崮、西东崮、杨家岭、华家岭五个村落组成。村民之间相互通婚，几个村落间许多家都沾亲带故。

东崮社区紧邻 327 国道的是前东崮村。在前东崮村村口，我拨通了张纪友的电话。他与张纪民的大哥张纪华一起来接我，把我带到了张纪华的家里。

通过对张纪民家人的采访，我对整个事件才有了具体的了解。事件起因和经过主要由张纪民的大嫂范文香讲述，张纪华、张纪友以及张纪民的侄子张勇进行了补充。透过他们的讲述，我得知强拆之前，涉事双方已经多次就房屋补偿进行沟通，强拆当日早晨，有七八个人把张纪民的老婆潘进惠绑架带到了南部山区。而强拆之时，几十个年轻人在地方镇东崮社区党总支书记管彦省等人的带领下，用推土机推倒张纪民院子西墙，最终发展到张宅起火燃烧。

采访结束时，快到凌晨 3 点。我又让张勇带我去了着火现场。在被火烧后的屋内，我用相机拍了很多照片。

二

16 日上午，我见到了张纪民的两个女儿。上初三的姐姐是在事发当天中午，被她三姨从学校带走的。她先是去镇医院探望被绑架仍未苏醒的妈妈潘进惠，然后回家想看爸爸最后一面。现场已经被封锁，张纪民的大女儿没有进到院子里去，就被送到了亲戚家。

而家人一直瞒着张纪民的小女儿。直到第二天早晨，张纪民的姐姐才到学校把她带回家来，她一直没有见到爸爸妈妈。

张纪民的弟媳在他院子东侧拍摄了一段长

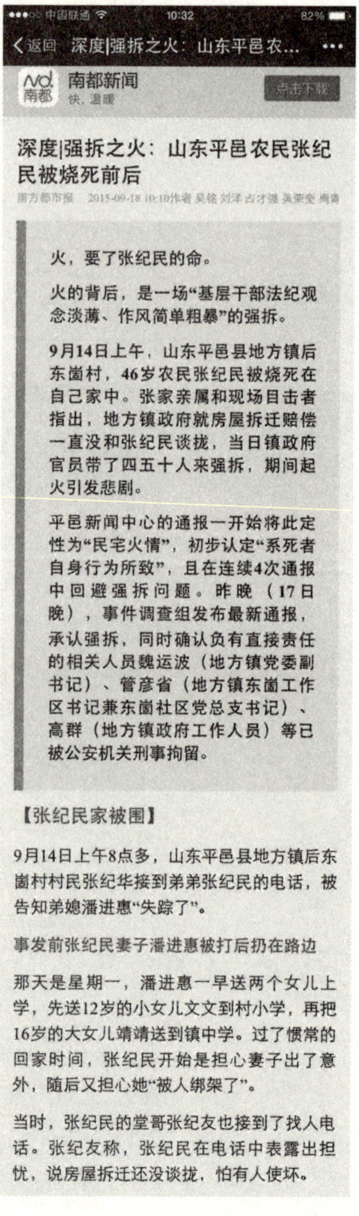

深度|强拆之火：山东平邑农民张纪民被烧死前后

南方都市报 2015-09-18 10:10

火，要了张纪民的命。

火的背后，是一场“基层干部法纪观念淡薄、作风简单粗暴”的强拆。

9月14日上午，山东平邑县地方镇后东崮村，46岁农民张纪民被烧死在自己家中。张家亲属和现场目击者指出，地方镇政府就房屋拆迁赔偿一直没和张纪民谈拢，当日镇政府官员带了四五十人来强拆，期间起火引发悲剧。

平邑新闻中心的通报一开始将此定性为“民宅火情”，初步认定“系死者自身行为所致”，且在连续4次通报中回避强拆问题。昨晚（17日晚），事件调查组发布最新通报，承认强拆，同时确认负有直接责任的相关人员魏运波（地方镇党委副书记）、管彦省（地方镇东崮工作区书记兼东崮社区党总支书记）、高群（地方镇政府工作人员）等已被公安机关刑事拘留。

【张纪民家被围】

9月14日上午8点多，山东平邑县地方镇后东崮村村民张纪华接到弟弟张纪民的电话，被告知弟媳潘进惠“失踪了”。

事发前张纪民妻子潘进惠被打后扔在路边

那天是星期一，潘进惠一早送两个女儿上学，先送12岁的小女儿文文到村小学，再把16岁的大女儿靖靖送到镇中学。过了惯常的回家时间，张纪民开始是担心妻子出了意外，随后又担心她“被人绑架了”。

当时，张纪民的堂哥张纪友也接到了找人电话。张纪友称，张纪民在电话中表露出担忧，说房屋拆迁还没谈拢，怕有人使坏。

达四分钟的视频。视频显示，事发时张纪民家先是冒出黑烟，大约 40 秒后，又冒出滚滚白烟，浓烟笼罩了整个房屋。大约 2 分钟后，房屋喷出熊熊火舌。有两个年轻人从院子东侧由南向北跑过，跑到屋后，和一群人一起往张纪民的后窗砸东西。

我采访了目睹强拆的张纪民的弟媳和他的三叔张玉金。在 9 月 12 日，后东崮村村主任高学明、村委书记高新曾委托张玉金三次去张纪民家里谈拆迁条件。但最终没有谈拢。

而此前的 9 月 11 日傍晚，西东崮村委书记王开兰、前东崮村委书记杨瑞保也曾到张纪民家谈条件，双方没有谈妥。最后，王开兰抛下了“明天就强拆”的话语。

随后，我曾多次拨打王开兰的电话，但无人接听。在拨打高学明的电话时，他先默认是高学明。当我告知自己的记者身份后，他又以“不是高学明，打错电话了”为由把电话挂了。我再次拨打他电话，他不再接听。给他发短信，也没有回复。

在把张纪民家人给我的一些有价值的视频传回后方后，我开始写稿。由于担心存在事实性错误，我又让张纪民的堂哥和侄子一起看了初稿，纠正了一些此前谈到的不太准确的地方。而后，才把稿子传回后方。

三

16 日晚上，张纪民家属又找到了一段长达 21 分钟的视频，拍摄地点是张纪民院子南侧新建楼房上。他们还找到了另外两个着火时的目击者。这两人都是在东崮小学放学接学生时路过现场的。其中，有一人是死者张纪民的表嫂。

我决定要采访张纪民的表嫂，并告知后方编辑暂缓发稿，需要在内容上继续补充。

她的身份比较特殊：既是张纪民的表嫂，而她的娘家的亲嫂子又是王开兰。此时，她已经承受了来自外界一些人的压力，不怎么愿意接受媒体采访。

张纪民的大嫂和侄子带着我一起到她家去找她。为了让她把事发时的情景讲述出来，张纪民的侄子在她开大门的时候，甚至还给她下跪了。

通过对张纪民表嫂的采访得知，她接学生回来时恰好遇到推土机推倒西墙，看到站在一辆黑色轿车窗前的管彦省给坐在副驾驶位置的人传话。

眼见着表弟张纪民家西墙被推倒，远望堂屋大门上已经着火，她赶紧转过东墙，从大门进入院子，直奔堂屋去救张纪民。屋内满是浓烟，她看不清任何东西。这时堂屋大门都已着火，且从外面插着门闩并挂着锁。她拿起一根长棍捣向门闩插门的地方，使劲捣了三次后，两扇门板才忽然一起倒向屋内。

她说，这时门板上的火焰把堂屋内的物品快速引燃，她没法进入屋内，只好退回院子大门外。

第二天早晨，张勇带我去见了强拆当天路过的王培仁。王说，他路过时，西墙已经被推倒，他和张纪友一起抓住了正要往西逃窜的管彦省。

他还提到，2014 年他家拆迁时，曾遭到一些不相识的社会人员的威胁，曾有几个人到他大儿子家里放毒气。

随后，我扮作张纪民的外甥，和张勇一起去着火现场找现场勘查的专家。此前一天，平邑新闻中心官方微博发布公告称：“经省、市、县公安和消防部门现场勘查，走访调查，初步认定，排除他人人为纵火，火灾系死者张纪民自身行为所致。”

到现场后，张勇逼问现场专家是否发布了消息。临沂市公安局刑警支队人员称现场勘查人员有省市县三级人员，但他对此前发布的消息予以否认，称网上的是“谣言”。

张勇把之前收集的视频、图片资料拷贝给了勘察现场的临沂市公安局刑警支队人员，以及临沂市消防支队人员。临沂市公安局刑警支队专家在初步观看了视频材料后，认为非常有价值，又叫来一个警务人员，安排把张勇送到临沂市刑警大队去提交资料和做笔录。

此时的采访已经较为充分。下午 5 时，我把补充完善的稿件传回了后方，由后方同

●●●○○ 中国联通 10:42 80%
〈返回 深度|强拆之火：山东平邑农…

事发当日，拖运挖掘机到强拆现场的大卡车。

潘进惠失联同时张纪民家遭数十人围堵

就在张家亲属找寻潘进惠之时，张纪民家遭到四五十个身份不明人员的围堵。多名目击者指出，带头的是地方镇东崮工作区书记兼东崮社区党总支书记管彦省。目击村民称，这群人有的开面包车、有的骑摩托到达，用白酒瓶和矿泉水瓶带了浅黄色的液体，“应该是汽油”，还带有4个红色的干粉灭火器。目击者还描述，这些年轻人开的是无牌车，部分人身上有文身和刺青。

“他们是来搞拆迁的。”张纪友见来者不善，怕张纪民被打，马上与张纪民通电话。张纪友还记得，自己劝说张纪民尽量妥协，同意政府要求，为了人身安全宁愿放弃楼房，张纪民则回复称，这群年轻人不敢打他，他们没那么大胆量。

事态僵持，有人报警。张纪友称，大约上午9点40分，现场来了另一辆汽车，但很快就离开了。

张纪友曾给后东崮村村主任高学明打去电话，没有回应。范文香还曾当面找到高学明，被告知不知为何来了这么多不明身份的人，但高也不愿管、不愿问。事后，高学明

事继续整合加工。

四

9 月 18 日上午 10 时左右，《强拆之火：山东平邑农民张纪民被烧死前后》在手机客户端“南都 APP”率先推出，然后在南都官方微博推出。于是，该篇报道在网上迅速传播，强拆着火的过程和细节呈现在公众面前。

此篇稿件刊出后，我们打算接下来将报道重点集中到此前关注到的该地因强拆导致的极端案例，比如喝农药、被绑架等案例，以及查证张纪民购买汽油等。

18 日上午，在张纪民的姐姐家，我看到张纪民在 13 日晚上送来的用于浇地、打农药的汽油机。紧接着，又打开了张纪民家没有着火的西屋门，到西屋去查看是否有他购买回来的汽油，并没有任何发现。后来我得知，公安消防人员之前已经打开过这个屋门。

之后，我和占才强老师电话沟通，决定去医院采访潘进惠，拟写一篇《张纪民最后的日子》的文章。

在沟通过程中，我俩都考虑到了要不要公开记者身份的问题。此前三天，我是隐藏了记者身份进行采访，而前来采访的其他多家媒体，曾在采访过程中遭遇“眼线”的阻挠，还和那些人发生了口角及身体冲突。

自 9 月 15 日深夜至 18 日下午，我一直身穿不扎眼的短袖运动衫，和村民们站在一起，没有什么差别。我在鲁西南农村长大，在平邑东崮说家乡话也可以不被发觉。几日采访，算是“源于民，融于民”。

到达医院后，我看到果然有几名县里的工作人员守候在那里。他们查看了我的证件，“潜伏”了三天的我就这样暴露身份了。

在病房里，我与潘进惠单独谈了一个半小时。张纪民的堂弟和潘进惠也进行了简单交谈。得知嫂子曾遭有关工作人员威胁，他非常生气，称次日再来就要带上录音笔，以避免潘进惠再受威胁。

第二天上午，再到医院时，我发觉看守人员从三四人增至十人。经了解，除了县政府工作人员，还有镇政府人员，以及从后东崮村抽调过来的村民。

第二次采访潘进惠，阻力大了很多。有多个医生和护士也来劝阻，期间曾中断数次，加起来我才和潘进惠谈了 45 分钟。不过，就在医生极力赶我走时，我们的访谈也结束了。

五

在与潘进惠的第二次交谈中，经我多次提醒，她才想起来张纪民在9月13日曾买过一次柴油，但对他购买汽油，潘进惠称不知道。

回到张纪民的大哥家里，已经是下午。我随即向张纪民的两个女儿求证张纪民购买汽油的事情，她俩表示一概不知。对在院子里发现盛有汽油的“龍江家园”酒瓶，她俩也说家里没有。

后来，张纪友对我说，张纪民基本不喝白酒，就算遇到农村红白喜事，他也是喝不到半杯。同时，他称“龍江家园”白酒一般都是在当地的酒店出现，农民往往是喝另一种白酒。他一直对装有汽油的“龍江家园”酒瓶的来源表示质疑。

而9月20日发布的最终报告称，“龍江家园”酒瓶上发现了张纪民的DNA。

在与张纪民的女儿交谈中，我得知他家拉送豆腐渣的三轮车停放在张纪民的一个堂弟家，于是又马上前往寻找。透过车窗，我发现在三轮车的车厢里有一盛满液体的塑料桶，但不能确定桶里是汽油还是柴油。

张纪民的堂弟告诉我说，张纪民是在强拆前一天把三轮车放在这里的。

由于车钥匙随着张纪民死亡而不知所踪，无法正常打开车门查看桶里装的是什么。于是，我扮作张纪民的家人，和张纪民的兄弟、子侄一起赶到村南327国道旁的加油站查看录像求证。

加油站的管理人员起初以有公安人员陪同才可查看的理由拒绝了我

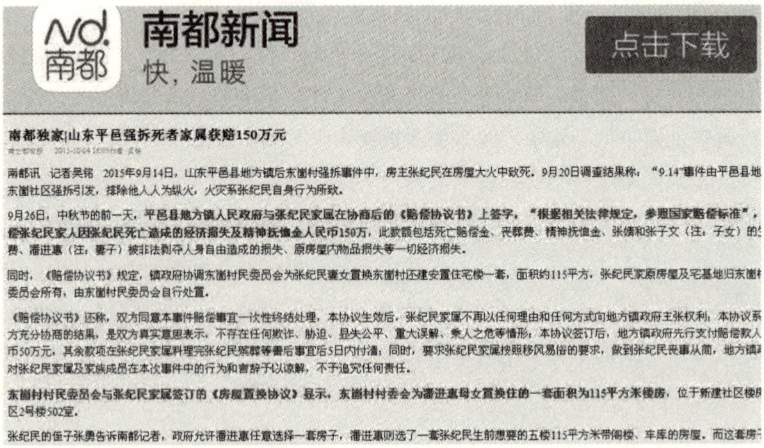

南都新闻

快，温暖

点击下载

南都独家|山东平邑强拆死者家属获赔150万元

南都讯　记者吴铭　2015年9月14日，山东平邑县地方镇后东固村强拆事件中，房主张纪民在房屋大火中致死。9月20日调查结果称：“9.14”事件由平邑县地东固社区强拆引发，排除他人人为纵火，火灾系张纪民自身行为所致。

9月26日，中秋节的前一天，**平邑县地方镇人民政府与张纪民家属在协商后的《赔偿协议书》**上签字，**“根据相关法律规定，参照国家赔偿标准”，偿张纪民家人因张纪民死亡造成的经济损失及精神抚恤金人民币150万**，此数额包括死亡赔偿金、丧葬费、精神抚恤金、张婧和张子文（注：子女）的费、潘进惠（注：妻子）被非法剥夺人身自由造成的损失、原房屋内物品损失等一切经济损失。

同时，《赔偿协议书》规定，镇政府协调东固村民委员会为张纪民妻女置换东固村还建安置住宅楼一套，面积约115平方，张纪民家原房屋及宅基地归东固村委员会所有，由东固村民委员会自行处置。

《赔偿协议书》还称，双方同意本事件赔偿事宜一次性终结处理，本协议生效后，张纪民家属不再以任何理由和任何方式向地方镇政府主张权利；本协议系方充分协商的结果，是双方真实意思表示，不存在任何欺诈、胁迫、显失公平、重大误解、乘人之危等情形；本协议签订后，地方镇政府先行支付赔偿款人币50万元，其余款项在张纪民家属料理完张纪民殡葬等善后事宜后5日内付清；同时，要求张纪民家属按照移风易俗的要求，做到张纪民丧事从简，地方镇对张纪民家属及家族成员在本次事件中的行为和言辞予以谅解，不予追究任何责任。

东固村村民委员会与张纪民家属签订的《房屋置换协议》显示，东固村村委会为潘进惠母女置换住的一套面积为115平方米楼房，位于新建社区楼区2号楼502室。

张纪民的侄子张勇告诉南都记者，政府允许潘进惠任意选择一套房子，潘进惠则选了一套张纪民生前想要的五楼115平方米带阁楼、车库的房屋。而这套房们，但最终还是同意让我们查看录像。经查证，张纪民确实在 11 日下午 6 点多、13 日下午 6 点多两次购买了汽油。张纪民的堂弟称，三轮车车厢里的那桶油与张纪民这两次携带的都不相同。这样，就排除了三轮车车厢桶内是汽油的可能。

加油站最终没让我们拷贝视频，但是我们用单反相机把张纪民两次购买汽油的三段视频都拍录了下来。出了监控室，我还专门核对张纪民买油时的位置，看是不是这个端口。

当晚 8 点半，我把《张纪民最后的日子》这一篇稿件传回了后方。

六

东峝社区的强拆问题，在村民看来，地方镇东峝社区党总支书记管彦省是替罪羊。管彦省刚担任这一职务不过数月，这些问题是在他的前任时期积攒的。

在一些村民的相互联络下，我又采访了因二弟家房子被拆而被绑架扔在十八里外王家洼的周克秀。在西东峝村大队院子里，我还见到了因强拆无处居住的潘传国的父亲。当晚，我们聊到了潘传国、高树存、高月涛等人遭遇被强拆的事，以及前东峝村 2000 亩土地被强征的问题。

9 月 20 日下午 2 时多，县政府安排车来村里接张纪民的家人到平邑县公安局接受对强拆致死事件的调查结果。

调查组宣布调查报告称，在发现院中铝盆着火后，“管彦省安排高群指使庄银田驾驶铲车将西院墙推倒”，还称“魏运波、管彦省等人安排人员在屋后用石块投砸张纪民住宅后窗，欲砸碎玻璃通风散烟，避免张纪民被烟呛死”。

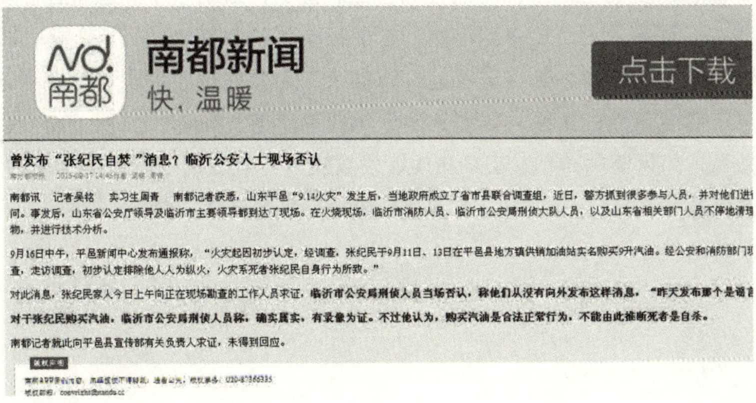

曾发布“张纪民自焚”消息？临沂公安人士现场否认

南都讯　记者吴铭　实习生周青　南都记者获悉，山东平邑“9.14火灾”发生后，当地政府成立了省市县联合调查组，近日，警方抓到很多参与人员，并对他们进
问。事发后，山东省公安厅领导及临沂市主要领导都到达了现场。在火烧现场，临沂市消防人员、临沂市公安局刑侦大队人员，以及山东省相关部门人员不停地清理
物，并进行技术分析。

9月16日中午，平邑新闻中心发布通报称，“火灾起因初步认定，经调查，张纪民于9月11日、13日在平邑县地方镇供销加油站实名购买9升汽油。经公安和消防部门现
查，走访调查，初步认定排除他人人为纵火，火灾系死者张纪民自身行为所致。”

对此消息，张纪民家人今日上午向正在现场勘查的工作人员求证，**临沂市公安局刑侦人员当场否认，称他们从没有向外发布这样消息，“昨天发布那个是谣言**

对于张纪民购买汽油，临沂市公安局刑侦人员称，确实属实，有录像为证。不过他认为，**购买汽油是合法正常行为，不能由此推断死者是自杀。**

南都记者就此向平邑县宣传部有关负责人求证，未得到回应。

调查报告最终定性为："9·14"事件由平邑县地方镇东崮社区强拆引发，排除他人人为纵火，火灾系张纪民自身行为所致。

听到这个结果，张纪民的家人非常不满，但在当时也没有多说什么，而是很快离开县公安局回家。这个调查报告公布之后，在网上引起了舆论一边倒。

从县城回到后东崮村后，我在村东边的河岸边呆坐了许久，直到天黑。在河岸边，我用手机上网，购买了第二天返回北京的火车票。

七

10月4日早晨，张勇给我发来一条短信，称"我叔叔已入土为安。国家赔偿已经给过了。罪犯还未判决"。

和他电话沟通后，我得知在9月26日，平邑县地方镇人民政府与张纪民家属在协商后的《赔偿协议书》上签字，给予国家赔偿150万元。同时，张家与村委会签订了《房屋置换协议》，潘进惠依据张纪民生前意愿，选了一套之前想要的五楼115平方米带阁楼、车库的房屋。

国家赔偿150万元，选择一套死者生前想要的房屋，在一些人看来，这也算是强拆房屋致人死亡的一个交代。

而根据新华社9月18日的报道，调查处置工作组调查确认，在后东崮村旧村改造房屋拆迁过程中，有关人员对当事人张纪民死亡负有责任。该事件负有直接责任的相关人员地方镇党委副书记魏运波、地方镇东崮工作区书记兼东崮社区党总支书记管彦省、地方镇政府工作人员高群等人由公安机关刑事拘留。

我在采访了张勇后，根据拿到的材料，写出了一篇《山东平邑强拆死者家属获赔150万元》的独家报道。至此，对山东平邑强拆致死案报道，算是画上了句号。但是，在中国特色新型城镇化道路上，如何维护老百姓权益、满足老百姓实际需求，如何处理农民宅基地、耕地与工商业用地的关系，如何处理千年农家院落文化与"农民上楼"的关系，如何坚持一切从实际出发，发展农村经济、改变农村社会形态、避免农村改革"大跃进"，都是值得深刻反思的问题。

（作者系南方都市报记者）

采写编

采写编

手绘惊风雷　方寸演兵戈

——南方日报“军情观察”四周年回眸

□李劲　梁锐　殷剑锋

李劲

2011 年 1 月 11 日，中国首架隐形战斗机歼 20 横空出世、首飞成功。

同年 3 月，中国海军徐州舰千里驰援，为撤离我在利比亚同胞船舶护航。这是中国首次动用军事力量撤离海外人员。

同年 4 月 27 日，中国国防部在北京举行首次例行记者会。自此之后，每月最后一周周三下午，国防部新闻发言人开始向中外媒体及时传递中国国防和军队建设的重要信息。

同年 8 月 10 日，中国航母平台（即后来命名的辽宁舰）首次进行出海航行试验。

…………

不同于以往报道资源基本为少数中央媒体、军队媒体掌握的旧有格局，这一年，中国的军事透明度得到空前提升。同时，关注军事报道的人群也日趋庞大。地方媒体拓展报道新领域，推出适合自己定位、吸引独有读者群的军事报道，迎来了新的机遇。

为及时推送最新的防务新闻，解读最热的军情动态，为读者展现全方位的军事报道视角，以推动国防教育宣传深入群众，就在这一年的 8 月 15 日，在广东省国防教育办公室的指导下，《南方日报》推出“军情观察”版，聚焦全球防务热点事件，重点关注中国及周边地区军情焦点话题，突出强调报道的纵深性、解读性和可读性。

栏目开设至今已有四年。这个由南方日报要闻编辑部、时政新闻部和北京记者站等部门精干力量组成的虚拟采编团队，经营的版面通过“引进来”和“走出去”，累计刊发200多篇专业报道，吸引了大量专业读者，受到了军迷与关心国防建设的读者的欢迎。如今，“军情观察”已成为南方报业的品牌栏目之一。

引进来

根据报社领导的指示精神，“军情观察”虚拟采编团队以每周选题为牵引，在精心采写、编发有南方特色防务纵深报道的同时，更注重积累防务信息资源，不断充实专家库、拓展军方信息源。

经过两年采访报道的积累和悉心经营，南方报业牢牢抓住建设中国特色新型智库的重大机遇，整合《南方日报》《南方周末》《南方都市报》等的防务报道资源，充分发挥各媒体自身特点优势，于2013年12月5日成立了南方防务智库，同时举行了首届南方防务论坛。

包括兰州军区原司令员李乾元上将、广州军区原副政委刘新增中将、南海舰队政治部原主任侯健少将、广州军区空军政治部原副主任刘邦成少将、国防大学教授乔松楼等在内的解放军现役、退役中高级将领，以及多位国防建设、国际关系、公共外交等领域的知名专家学者获邀加入南方防务智库。

南方防务智库的成立和防务论坛的举办，是南方报业在新的媒体格局与舆论生态中，围绕“深耕主业、多元开拓、加快

新闻周刊 军情观察 A12

实际金额2015财年突破5万亿日元，实现三连涨

史上最高防卫预算 日本准备用于何处

军情观察 A09

大国奋起雄风 中国航母出海

时局 政情 A04
中俄海上军演拉开帷幕
中方参演舰艇抵达俄军港，南方日报记者随舰直击
重头戏：海上演练24日登场
珠西装备制造领域推进智能化和协同制造，加快推动融合性新兴产业成经济发展新动力
“互联网+协同制造”颠覆传统模式

时局 聚焦 A04
第二届南方防务论坛在珠海举行
防务安全，既要“防”更要“进”
坚持改革是中国应对国际挑战关键
防务安全之重在于积极进取
信息化战争改变国际政治军事版图
发展安全成为中国国家安全主要矛盾
第二届南方防务论坛

转型、融合发展”的发展战略，与时俱进、改革创新、招才引智打造品牌栏目的具体举措。这其中，南方日报“军情观察”版成为切实贯彻和执行集团战略的主力军之一。

至今年11月，南方防务论坛已连续举办三届。其中，2014年11月第十届中国航展开幕前夕，第二届南方防务论坛在珠海举行。借助珠海航展的国际化防务信息交流平台，南方报业进一步集纳各方智慧和资源，搭建媒体与军事智库、高校研究团体互动交流、深化合作的桥梁，力争将南方防务智库打造成为南方最权威的媒体防务学术组织和军事战略研究机构。

走出去

为了更全面、准确地体现南方日报“高度决定影响力”的办报理念，“军情观察”虚拟采编团队坚持“两条腿走路”，在大力“引进来”的同时，也不放过任何“走出去”的机会。

四年来，“军情观察”团队的身影出现在亚太地区安全对话机制中规模最大、规格最高的多边会议——香格里拉对话会；出现在清华大学主办的世界和平论坛；出现在号称“中国香格里拉对话会”的香山论坛；出现在中国海军承办的西太平洋海军论坛，更出现在中俄联合海上军事演习的军舰上……

2013年6月，第十二届新加坡香格里拉对话会举行，“军情观察”团队首次派员赴现场报道。

随后在2014年、2015年的香格里拉对话会上，“军情观察”现场报道小组均未缺席。无论是在对话会主题发言现场、分论坛会场，还是在各个双边、多边会谈场合，都有南方日报记者的身影。尤其从 2014 年开始，南方报业对香格里拉对话会启用“1+X”联合采访机制。

“集团作战”的“1+X”报道组在对话会现场，一天召开两至三次碰头会，随时随地以即时手机通信软件沟通，不但让每天的工作更有计划性和目的性，还能随时根据新发现的线索，就近调配合适人员前往采访。报道组所有成员通力合作、共享信息、分享资源。“1+X”采访机制让南方报人在采访行动中眼界更宽阔、耳朵更灵敏，更让报道形式无缝对接，初步形成媒体融合态势。

在香格里拉对话会现场，南方报业“1+X”报道组与日本 NHK、美联社、新加坡联合早报、新华社、中央电视台等国内外著名新闻机构同台竞技，不落下风。

除了关注国内外高端防务论坛，“军情观察”团队还积极开拓军队报道资源。“军情观察”开办四年来，多篇重磅报道获得解放军总参谋部、总政治部，以及国防部新闻事务局等军队重要部门的好评。为此，国防部新闻事务局屡次发函，邀请包括南方日报在内的南方报业旗下媒体参与报道解放军的重大外事活动和联合军事演习。

2014 年 4 月 22 日，由中国海军首次承办的第 14 届西太平洋海军论坛年会在青岛举行。来自论坛 21 个成员国和 3 个观察员国，以及申请成为论坛观察员国的巴基斯坦等 25 个国家的 150 余名海军领导人和代表参加了这次论坛年会。南方日

时局 聚焦 A05

“海上合作—2014”多国海上联合演习在青岛举行，指挥舰中方哈尔滨舰舰长表示

“过去我们是‘家门口的兵’，现在不一样了”

官兵始终坚持“海上先锋精神”

“和平方舟”大显神威

要闻 02

哈格尔与安倍“一唱一和”，无端把矛头指向中国

亚太地区不需要霸权威胁和恐吓

南方报业 1+X 联合采访

美日应停止火上浇油的举动

美国会给亚太地区带来新的风险

美国“再平衡”战略是亚太一系列危机的制造者

中国代表团感问南方报业“1+X”报道组

招远血案6嫌犯系邪教成员

公安机关将依法严厉打击邪教犯罪

报记者现场直击论坛热点，更登上中国海军哈尔滨舰、“和平方舟”医院船等新型舰只，为读者献上新鲜热辣的我国海军装备发展和作战训练成果。

2015年8月15日上午8时许，由中国海军7艘导弹驱逐舰、导弹护卫舰、两栖登陆舰和综合补给舰组成的舰艇编队从青岛某军港起航，开赴俄罗斯符拉迪沃斯托克，参加代号为“海上联合-2015（II）”的中俄海上联合军事演习。南方日报记者特邀随舰进行全程报道。

在随后的10多天里，记者在我海军导弹驱逐舰泰州舰上与舰员同吃同住，经过连续5天5夜的航渡，经黄海海域、对马海峡、日本海，于8月20日抵达俄罗斯符拉迪沃斯托克军港。在前后长达14天的时间里，记者克服种种困难，记录下“舰艇编队穿越对马海峡”“大洋航行间编队补给”“中俄联演舰艇实兵演练”“中俄联演部队联合登陆”等精彩瞬间，以及完成了对军演指挥官的专访、记录下舰艇生活见闻，从前方发回近10篇报道，可谓是军舰上的深入“走转改”。

深挖掘

“引进来”与“走出去”，是南方日报“军情观察”充分利用优势资源，最大限度发挥主观能动性的主体战略。在获得丰富的专家和军队资源的同时，苦练内功、精细耕作，是“军情观察”的不懈追求。

每周之初，虚拟采编团队都要开碰头会，记者、编辑济济一堂、激烈碰撞，不断选定、否定、再确定当周选题。近两年来，由于中国海外利益不断拓展，与周边国家领海、岛礁争端越来越为国内外媒体关注，“军情观察”亦与时俱进，加大对中国及周边地区防务新闻报道力度。

针对广东地处东南的地理优势，“军情观察”充分利用东南亚国际关系、地缘政治等领域专家资源，结合国内相关领域高端专家资源，多次推出关于南海形势的重磅报道，及时帮助读者了解最新形势，深度分析背后的政治博弈。更利用丰富史料，国内最新研究成果，表明我国在南海问题上的严正立场，以正视听。

2014年6月1日的第十三届新加坡香格里拉对话会现场，中方代表团团长在答问环节从历史、法理等多个角度详细阐明“南海九段线”的合法性。南方报业“1+X”联合采访组敏感地觉察到这是一个罕有的新闻点，是中方在亚洲高等级防务交流场合少有的一次主动发声阐述“九段线”问题。采访人员随后迅速找到与会的中国南海研究院院长吴士存，请他从专业角度对中方发言作了独家点评和解读，使得第二落点报道充满亮点。

这一年年末，凭借第十三届新加坡香格里拉对话会报道，南方日报“军情观察”虚拟采编团队荣获南方报业年度“1+X”联合采访报道大奖的正奖。

除了前线采访保持快速反应状态，后方采编也讲究深度挖掘。2015年1月，日本内阁通过2015财年预算，其中高达4.98万亿日元的防务预算创下历史新高。“军情观察”虚拟团队监控到这一消息后，立刻抽调精通日语的精干采访力量，从日本防卫省官方网站上找到了日方防务预算的电子文件。通过对多达数百页的文件的通读和重点查阅，虚拟团队不但梳理分析出日本自卫队陆海空方面的军费投入侧重点，还对其主战装备采购、驻日美军日方承担费用等高价值数据进行了详细图解。最终在当期“军情观察”版呈现给读者的，是一次信息量、可读性、关注度和贴近性高度融合的可口“大餐”，赢得“点赞”无数。

展望未来，除了在前述两大主要方向继续奋力“突击”以外，南方日报“军情观察”还将依托南方防务智库这一得天独厚的优势和优质平台，持续“深度挖掘”，在报道的独家性、贴近性、纵深性等多方面苦下功夫。同时，充分利用集团南方+、官方微信、微博等新媒体平台，加大融合力度，拓展传播渠道。希望通过不懈努力，将该栏目打造成为南方最权威、最融合的防务信息刊发和军事战略解读新平台。

（作者系南方日报编辑）

省报地方站监督性报道如何实现“双赢”

——以南方日报惠州“沉睡官网”系列报道为例

□周欢

周欢

新闻媒体作为社会公器，具有舆论监督的功能。采写刊发监督性报道，是报纸进行舆论监督的重要手段，可彰显一家报纸的公信力和影响力，体现社会责任与担当，提高知名度与美誉度。合理合法的监督性报道，通过公开曝光能对被监督者施加影响，促使错误行为得以纠正、不良现象得以改进，从而有利于推动社会进步，维护公共利益。从这一层面而言，监督性报道可以带来“双赢”。

然而，在现实语境下，由于监督性报道的指向通常涉及政府职能部门、公职人员等，一旦报道出街，往往会引发被监督者强烈反应甚至反弹，因而采写刊发监督性报道会给当事记者和媒体造成一定的压力和风险。

作为广东省委机关报，《南方日报》在党政系统和社会各界具有广泛的影响力，这也决定了其在推出监督性报道时要特别谨慎细致和讲究客观公正。作为省级党报地方版、地方记者站，在刊发对当地的监督性报道时，只有更讲究技巧和艺术，才可能既收到预期的正面效果，又不至于影响与当地的正常关系，从而实现“双赢”而不是“双输”。

《南方日报·惠州观察》作为《南方日报》深耕惠州区域的二级品牌，开办5年多来，推出过不少具有较大影响力的监督性报道，不仅受到当地党委政府的重视和肯定，推动了被曝光问题的解决，促进了部门工作改进，也扩大了报纸的公信力和影响力。其中，南方日报惠州新闻部2015年4月推出的惠州政府部门“沉睡官网”系列报道便是一个典型案例。

2015年4月初，笔者在第一次全国政府网站普查之际，对惠州各级200多个单位部门网站进行调查时发现，当地不少政府网站存在长期不更新等乱象。4月10日，《南方日报·惠州观察》以一个整版的规模推出《有的休眠1月　有的沉睡半年》的监督性报道，引起广泛关注。中央政治局委员、广东省委书记胡春华作出了相关批示，惠州市委书记和市长也作出批示指示，当地由此掀起了一场政府网站大整改，并推动了惠州建立和完善政府网站管理制度。

惠州观察 重点
A02
有的休眠1月　有的沉睡半年

该组报道通过在地方版和全省版联动，前后共刊发了7篇。回顾这组报道，之所以成功，除通过充分地调查掌握新闻事实进行客观报道之外，更关键的是，选题契合最新的热点政策，掐准了时间节点，因而能够引起省、市党政领导的关注和重视，进而借力使力，顺势解决报道中反映的问题。

惠州观察 政情
A02
消除“僵尸”现象维护公信力
惠城企业管理局官网休眠4月“复活”
今年重点改革项目42项
“三张清单”将公布实施

依据政策　踩准时点

对于承载着宣传功能的党报而言，监督性报道并不是纯粹为“揭丑揭短”，或迎合大众猎奇口味、制造爆点吸引眼球，而是出于善意目的，希望通过舆论监督，及时预警，防止不良倾向，倒逼问题解决，帮忙而不添乱。《南方日报·惠州观察》“沉睡官网”系列报道正是居于这样的出发点。

得知国务院办公厅印发了《关于开展第一次全国政府网站普查的通知》，要求各地切实消除政府网站“僵尸”“睡眠”等现象。笔者便开始调查梳理惠州市、县、镇三级200多个单位

时事 在线 A13

本报报道惠州部分政府网站变"僵尸"，相关问题网站即时整改

"沉睡"5年多的官网被"唤醒"

《南方日报》百度搜索指数省级党报第一

微博新推写书功能

专题

世界500强企业苏太华系全面启动股改

严介和称将赴美国上市市值不低于3万亿元

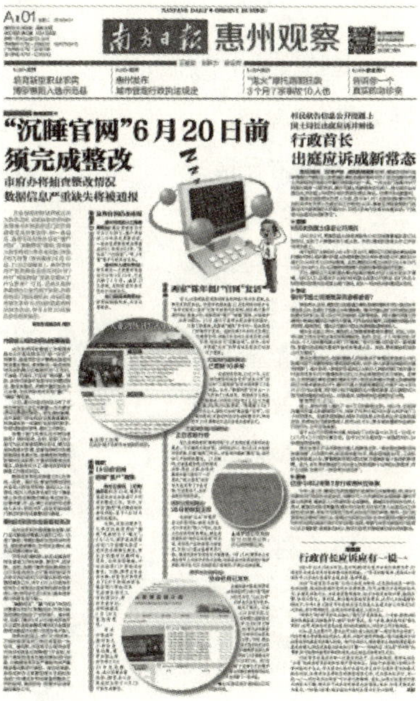
A01 南方日报 惠州观察

"沉睡官网"6月20日前须完成整改

市府办将抽查整改情况 数据信息严重缺失将被通报

行政首长出庭应诉成新常态

部门网站，发现不少网站存在内容和栏目更新缓慢甚至长期未更新以及无法登录等现象，有的休眠 1 月、有的沉睡半年，最久的 5 年多没有任何更新。

该选题在周例会上报题后，南方日报惠州新闻部主要领导认为，可借助即将开展全国政府网站首次普查的时机，推出监督性调查报道。在全国普查之前开展舆论监督，是善意和有利于当地改进工作之举，这样的监督会让有关部门乐于接受，并能得到地方的正面回应。

由于有充分的政策依据，且把握了最佳发稿时机，该报道发出后很快引起各方关注，获得省、市两级一把手批示。4 月 10 日报道发出当天，该话题就在网上发酵，有惠州网友将相关内容发到了当地的网络问政栏目中。11 日和 12 日，惠州市委书记和广东省委书记分别就此作出批示。

从实际效果来看，报道引发"蝴蝶效应"，不少被"点名批评"的"沉睡官网"在见报当天就陆续"苏醒"。4 月 13 日，惠州市政府办公室要求各级各部门在 4 月 16 日完成网站信息内容更新，掀起了全市所有政府网站的清理整改行动。由此当地 358 个政府网站完成首次清理整改。

回过头来看，该监督性报道若不是借助全国政府网站普查的契机推出，就不可能取得这么大的关注度和影响力。报道正是因为遵循和依据了国家的方针政策，顺应了国家和省、市的工作要求，出发点与政府部门开展网站普查一致，所以不仅不会导致被监督者的反感和抗拒，反而能够"闻过则改"。

这也提醒我们，在培养新闻敏感的过程中要注重政治敏锐性，可以从上级相关政策规定中获得线索，寻找合适的舆论监督选题并在合适的时机发出报道，从而可减少报道阻力，顺水推舟。

深入调查　客观呈现

除了掌握充分的政策依据，使监督性报道的站位正、底气足、立意高，要赢得被监督者的认可，并使之心服口服，还必须用事实说话，进行深入的调查研究，做到客观公正，同时又能给出一定建设性意见，建言献策，帮助寻求解决问题的路径。

对于“沉睡官网”系列报道，笔者一开始做了大量调查梳理，统计了全市 200 多家政府网站。选择的样本较多，能够尽量客观呈现全貌，被调查的网站中有做得好的也有做得不好的。报道说现象、讲事实，在肯定主流的情况下开展恰当的监督批评，对部分网站存在的严重问题给予曝光。通过“排行榜”“大盘点”的形式，突出了典型案例，既不失偏颇，又避免了不痛不痒，达到“点名曝光”的威慑力。

同时，对于报道中所点名的问题网站，还采访了对应部门，让其做出相关回应。报道还在延伸部分，采访到了一些政府网站管理员，探讨了问题网站背后存在的部分客观原因，呈现了不同声音和说法。此外，还通过各界人士的点评，提出了相关建议意见，使报道更加丰满。不是为了批评而批评，而是为了更富有建设性，进行舆论监督的同时传递正能量。

正是由于该报道的内容客观公正，因而能够引发惠州市相关部门的迅速整改，取得同频共振的效果。惠州市方面坦言，反映的问题很客观，一些部门单位网站确实存在问题，报道推动了工作的改进，并对南方日报的舆论监督表示感谢。

报道刊发后，惠州市各县区、市政府各部门、各直属机构、各镇办把这次政府网站清理整改作为一件重要紧急工作，迅速抽调业务骨干，严格按要求对所属网站进行全面检查完善。惠州市府办组织了 4 个督查组，分别到各县区、县区直部门开展专项督查，特别是对被 4 月 10 日《南方日报》点名批评的政府网站进行重点督查、全程跟进，解决少数单位存在的“僵尸网站”、“睡眠网站”问题。

客观报道，实事求是，不渲染炒作，该报道契合《南方日报》的定位，有针对性地进行正当监督，因此也获得报社“采前会精神”好评，认为“对政府网站存在的问题捕捉到位，内容全面充分，有建设性”，并建议将相关内容推荐至要闻版面跟进刊发。

持续追踪　全媒体传播

进行监督性报道，并不是发一篇稿子就完事了，后续的反响如何，相关部门有何动作和回应，都值得跟进关注。特别是要扩大报道的影响力，就有必要一鼓作气，进行持续追踪，并通过各种媒介进行发布，争取全媒体传播。

第一篇报道发出后，在南方日报珠三角新闻部、要闻编辑部等部门支持下，惠州新闻部将该组报道做大做强，不单在《南方日报・惠州观察》重点版位持续追踪，还在《南方日报》要闻版面进行跟进报道，扩大反响。

该组报道前后共刊发了 7 篇稿件，其中 5 篇刊发在《南方日报・惠州观察》，2 篇刊发在《南方日报》A13 时事在线版。

在追踪报道过程中，笔者不仅及时跟进各网站的积极整改情况，也对尚未整改的政府网站再次进行点名，督促整改，强化监督性报道的威慑力。

此外，惠州新闻部还借助南方网惠州频道、“惠州观察”微信公众号和微博等平台进行重点传播推送，放大了报道的影响力。这组报道先后获得新华网、人民网、新浪、网易、中央网信办官网等大量网站转载，引发网络热议。后来，《人民日报》等中央主流媒体也做了跟进报道，引发全国性反响。

总的来说，南方日报惠州新闻部推出的这组报道分寸拿捏较到位，进行了正当的舆论监督，对帮助当地政府解决问题起到了正面促进作用。值得一提的是，该组报道推动了惠州全市政府网站的监管制度完善。针对报道反映的问题，惠州立即着手制订政府网站信息发布和监督检查相关制度，建立责任制，从制度上填补漏洞，规范政府网站运作和信息发布。目前，该市已出台相关政策规定，明确政府网站监管与问责措施。对于报纸提高影响力以及当地政府规范网站管理来说，该组报道可谓实现了“双赢”。

在总结该组报道经验的基础上，今年 6—7 月，笔者依据新《预算法》等相关法律法规，运用相同的操作手法，在《南方日报・惠州观察》推出了“惠州部门预算信息公开系列调查报道”。对未按时公开预算的部门进行监督曝光，也引发较大反响，取得相似效果。这说明，上述经验对于省委机关报地方版、地方记者站在当地开展监督性报道具有一定的借鉴参考意义。

（作者系南方日报记者）

全媒体采编，我们准备好了
——南方报业传媒集团全媒体采编技能系列培训特写

□何崑　肖红慧

何崑

全媒体采编，在传统媒体的媒体融合进程中，是条必由之路。南方报业传媒集团早在2013年，就确立了“深耕主业、多元开拓、加快转型、融合发展”十六字的发展战略，并迅速启动一体两翼的融合发展布局。两年来，南方报业步步推进深化改革，上下同心推进媒体的战略转型。作为贯彻和落实集团“加快转型、融合发展”战略的重要举措，在集团党委的支持下，2015年5月，集团人力资源中心和集团信息技术部，联合举办了2015年集团全媒体采编技能系列培训班。为了鼓舞士气，集团领导莫高义书记做了开班总动员。

正如中共中央政治局委员、书记处书记、中宣部部长刘奇葆同志在今年的一次讲话中提出：“媒体融合可以走出一条新型路子，要培养全媒体记者、全媒体编辑、全媒体管理者。新媒体上发的，要有文字、声音、照片、动漫、影像等多种表现形式。过去，需要各类记者合作完成；今后，我们要培养全副武装、具备各种技能的记者”，加快媒体的转型融合过程中的人才培养，就是南方报业传媒集团举办全媒体采编技能系列培训班的目的。

全媒体培训，传统媒体再出发

近年来，南方报业一直努力强化采编人员的全媒体意识和全媒体应用，通过各种形式的专业技能培训，全力培养集团采编人员的全媒体“采、编、发”等综合能力，以有效提高采编人员的新媒体应对能力。按照集团转型战略的框架，这次培训的目标定位为：以全媒体采编流程为主线，着重加强媒体融合技术在实际采编工作中的运用，全面提升一线采编人员的全媒体技术能力。我们通过对国内外新媒体转型发展的现状和趋势的调查，结合南方报业的业务发展情况，系统地梳理了全媒体一线采编人员的必备技能和知识，从而开展针对性、实用性强的“落地”培训。其中包括：针对报刊、网站和移动端的文字采编发布能力；数据新闻的采集、制作和新闻可视化；图片、音频、视频等多媒体新闻的采集、编辑、传输和应用；新闻报道中的全媒体实战操作；对新媒体前沿技术知识的了解和认识等。

为使培训收到良好的效果，我们的培训组织人员精心策划，认真准备。培训过程中，针对集团采编人员的实际工作情况，采取“大课＋小课”“大班＋小班”“现场＋网络”的形式组织授课，扩大参训人员覆盖面。每一堂培训课，都设置了问答等交流互动环节，部分课程还安排上机实操，大大提高了学员的学习热情和参与积极性。在选用授课讲师上，我们通过各种渠道挖掘集团内外的师资，以“内部挖潜＋外部聘请”的方式结合进行，既结合集团的实际，又引进了新的视野，内容丰富。同时，在培训人员的技能考核上，采取了“课程签到＋上机实操＋小组主题创作”等多样的组合方式，动态开展培训学员的学习管理，努力实现培训形式的灵活性和多样性。

经过认真准备和组织，集团内南方日报、南方网、南方杂志等单位的一线采编业务骨干，参加了全媒体采编技能系列培训班现场培训、网络授课、平台考试和小组主题作业制作等全过程，一时间在集团形成了“学以诚、学而精、学而用”的学习、应用和探索的氛围。

切入采编流程，教学追求实效

南方报业全媒体培训课程的安排，体现了两个特点：一是课程设置紧扣“实操”，贴近采编转型的工作实际，紧密切入多媒体的“采、编、发”生产流程，强调实用性和针对性。如培训课程包括：新媒体观念和媒体前沿技术的推介、多媒体采集和处理技能的实操培训、新闻数据可视化的制作和表达、网站编辑发布技能的实操培训、“新闻 1+1+1”（一支笔＋一部相机＋一台摄像机）模拟实战培训等。二是培训的师资内外兼备，既包括国内高水平专家或业界有影响力的人士，也包括集团大院的同事。为了挖掘内部师资潜力，培训组织人员探访了各个单位和部门，把有真材实学，对采编技术转型有想法、有能力、有水平的同事，请到了讲台为大家上“实战”课。

培训课程，遵循全媒体采编发布的逻辑链条，以流程为引导，教学环环相扣，追求实效。在授课形式上，我们采取了“大课＋小课”“大班＋小班”“现场＋网络”等方式来组织培训。大课，面向集团全体采编人员，重在培养采编人员的新媒体的观念和理念，更新媒体知识，并引入新媒体前沿技术和应用，实现新媒体知识和观念的普及。培训的第一讲，就很有针对性地设置了一堂大课：请来“今日头条”的创始人张一鸣先生分享“今日头条是如何成长的”这一主题。后续的培训，又先后邀请了南方都市报新媒体运营主管章明哲分享“南都轻应用的实践：HTML5 的过去、现在和未来”，财新传媒首席技术官的黄志敏先生讲述“数据新闻入门与案例详解”，同济大学的王建民教授介绍“全媒体环境下的用户体验设计”。这些专家、行家的讲授，为编辑记者们推开了全媒体实操的知识和技能大门。

为了保障培训效果，提升多媒体采编生产和应用能力的课程，我们则采用开设小课的方式进行。培训方式上，也以实际操作技能为先导，培训组织上突出“核心骨干”的带头和带动作用。具体做法是，由南方日报、南方网、南方杂志社等采编部门，由一名副主任带一名采编骨干，先参加面授形式的小班培训。培训课程包括，一类全媒体采集处理部分：开设了新媒体传播条件下的文本逻辑、图片采集与处理实操技巧、音视频采集与处理实操技巧、配音与出镜记者培训、新闻数据分析及可视化图表制作、多媒体动画制作设计等课程。一类全媒体制作发布部分：开设了新媒体融合中的全媒体生产直播平台、网站专题制作技巧、网络访谈与网站直播、移动 APP 内容制作发布技巧等课程。设置培训课程（小课）总体情况如图 1 所示：

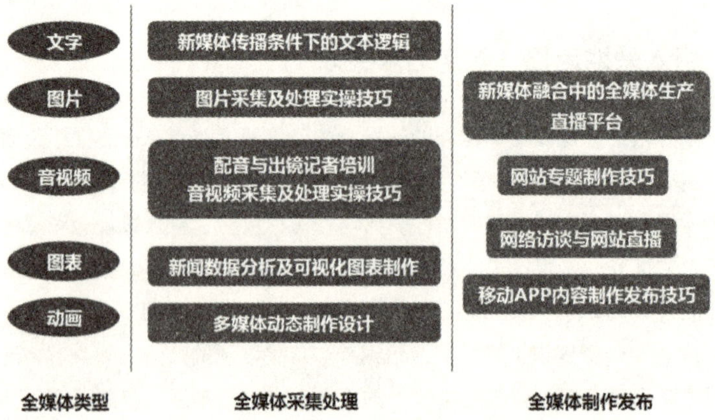

图 1　南方报业全媒体培训课程设置

为进一步巩固培训效果，培训课程全程录制了视频，连同课程讲义、参考资料，一并发布到集团内网上。每期课程发布后，部门其余参训人员通过个人账号登陆观看视频、下载讲义进行学习。参训的副主任在部门内负责组织和实施，参训的采编骨干负责一一辅导带教，这一组织形式，扩大了培训的范围和影响。

学而精，学而用

在全媒体培训的开班动员会上，集团领导莫高义书记就明确提出："对所有应参加培训的干部员工，我们会进行全媒体采编技能综合考核，对考核合格人员发放培训合格证。一些重要岗位将凭证上岗。培训合格证还将作为集团考量员工个人综合能力、进行重要岗位选拔任用的重要参考。"为了考察和实现综合考核参训人员的学习过程和效果，本次培训，我们通过课程签到、网络课程考试、小组主题制作等方式进行学员的综合管理和考核。参训人员的成绩，其中课程签到成绩占20%，课程考试占60％，小组主题制作占20％。

为检验参训人员的学习态度，同时考虑到采编人员的工作性质，我们将培训课程签到设置为两种方式，一种是课堂的签到，一种是网络平台课程学习签到。每期课程发布到集团内网后，参训人员可通过个人账号登陆观看视频、下载讲义进行学习，学习完后即可通过网络平台进行考试。因故无法完成网络考试的参训人员，还需参加集团组织的集中闭卷考试。由授课老师精心设计的考试题目，涵盖了课堂上的主要知识点，部分考题还需要学员在基础学习以外进行积极思考，才能得到正确答案。

培训设置了学员完成小组主题作业的重要考核环节。按照培训思路，小组主题作业的考核，重点是考察和检验各学员的全媒体策划和采编等技能的学习程度和实际操作能力。参训学员根据部门分为若干小组，各小组内合作完成一个新闻专题，内容包括专题策划、采写、主持、编辑和发布，并最终以网页专题的形式呈现。我们对小组作业的内容，也做了规定，需包含：新闻标题、新闻图片、新闻正文、视频（视频中小组成员需出镜、配音、添加字幕等）。小组主题作业的考核形式，目的是鼓励各学习小组积极开展各项学习，全程自主制作网页、制作视频、编写网站模板、编辑稿件并发布，将所学化为所用。各学员小组最终提交了不少新闻性强、内容丰富的全媒体作品，有些作品，还作为集团下属网站的新闻专题上线，充分体现了"学而精，学而用"的实效。为了鼓励学员们的学习创新精神，我们还设立了优秀作品评选环节，经评审小组评选，选出了包括《纪念中国人民抗日战争暨世界反法西斯战争胜利 70 周年专题报道》《清远农村综合改革专题报道》《政府“不下班”专题报道》《广州寻梦》等在内的 12 个优秀作品。

图 2　南方报业全媒体培训学员作品选

互联网、移动互联网的发展，对传统媒体来说，既是挑战又是机遇。传统媒体要实现战略转型，关键的一步就是要实现人才的转型。我们的体会是，通过一系列的全媒体采编技能培训，我们就能有目标、有成效地打造一批适应新媒体要求的全媒体记者、全媒体编辑、全媒体管理者。可以说，全媒体采编技能培训，不仅使传统媒体的采编人员掌握了新媒体技术的应用能力，更为重要的是，在系列的全媒体采编技能培训中，还为传统媒体种下了新媒体创新的种子。媒体融合之路，就在我们的脚下。

（作者何崑系南方报业传媒集团信息技术部主任，肖红慧系南方报业传媒集团信息技术部副主任）

自媒体环境下舆论的嬗变与引导新常态

□李劭强

李劭强

伴随自媒体的发展壮大，自媒体传播时代也随之而来。因为信息传播渠道的开放与个体表达的自由，舆论引导的主体、方式、过程、规律、效果也在自媒体作用下，不可避免地发生变化。这些变化，最初只是因为自媒体介入舆论引导过程而显现，在随着自媒体传播常态化后，已经逐渐成为舆论引导中的新常态，并给舆论引导带来了新挑战。

这些新常态对舆论引导产生了直接影响，并改变、决定着舆论引导的思路，传统媒体在舆论引导中的优势正在丧失。面对和分析这些自媒体环境下舆论引导的新常态，成为舆论引导者，是传统媒体尤其需要关注的问题。

舆论热点频出难以控制

在原有的舆论引导模式中，传统媒体是舆论引发者，它们通过媒体报道将需要引导的话题引出，引起人们的关注，进而引发、引导公众舆论。此时，媒体承担着议程设置的角色，报道什么对象，监督什么内容，引导力度有多大，由媒体掌控，传统媒体的地位和作用不可替代。此时，舆论引导在很大程度上就是媒体主导的引导——传统媒体主导的引导。传统媒体可以按照其引导计划与舆论规律，将舆论一步步引向自己的预期目标。

在自媒体环境下，传统媒体议程设置的优势正在丧失，不同群体和个人可以通过自媒体轻易地抛出舆论话题。这些舆论话题因其刺激性或公共性，可能在很短的时间内引爆舆论，成为舆论热点。在自媒体时代，谁掌握了独家信息，谁就可能成为舆论热点的提供者，传统媒体在时效性和独家性上已经不占优势。这必然导致舆论热点频出，而且难以控制。

尽管，传统媒体因为其权威性和影响力，在后续的跟进报道中可能再次占据舆论引导的阵地，但相对来说，舆论热点的控制已经很难再由传统媒体单独说了算。随时更新的信息，可以在一瞬间改变舆论的走向：或引发新的舆论，或引起舆论的“反转”。在自媒体环境中，频出的舆论热点有脱离传统媒体存在的可能与趋势。事实上，在自媒体环境下，传统媒体有时已经成为被设置议程者，社会中那些最引人关注的热点，往往由自媒体率先引爆。

这种舆论热点的不可控性，给舆论引导增加了困难。自媒体的议程设置未必与传统媒体同步，其想要引发的舆论可能是传统媒体不想去关注和不会去关注的。而自媒体的把关能力较差，各种庞杂的虚假的信息可能在引发舆论时伴随发布。再加上，自媒体海量存在，层出不穷的舆论热点，也有点让公众和传统媒体应接不暇、分不清主次。这些话题引发方面的特点，都给传统媒体的舆论引导增加了难度。

这就要求舆论引导紧跟热点，并进行话题排序，以紧跟的姿态与自媒体层出不穷的信息抢占舆论引导的阵地，以主动地排序设置议题，引导话题的走向。同时，舆论引导者还应该有预判意识和前瞻意识，预判新闻可能的走向，预测新闻可能的发展，对未来的舆论走向做好充分准备。

舆论发展规律被压缩打破

在传统舆论环境中，舆论发展有其较为稳定的一般规律和过程：媒体报道、引发关注、连续报道、组织讨论、得出共识、最后宣传。经过这几个阶段，舆论引导最终实现。这几个阶段需要一定的时间、力度、节奏予以掌控，掌控者一般由传统媒体扮演。只要传统媒体严格按照舆论引导规律办事，舆论引导的目的一般都可以顺利实现。此时，传播学中的议程设置和沉默螺旋等理论，可以得到充分使用和集中体现。

在自媒体环境下，这种固有的舆论引导规律遇到了挑战。一是，信息不再由传统媒体独家控制，自媒体也可以发布信息，其发布信息的指向未必与传统媒体一致，其发布信息的量未必少于传统媒体。而且，由于长久以来的刻板印象，人们在信息获取时，可能更容易相信自媒体而不是传统媒体，这与传统媒体的公信力缺失有关，也与受众的接受心态有关。二是，自媒体发布信息的时间优于传统媒体，传统媒体还要受到出版时间与版面大小的限制，自媒体却往往可以随时发布海量信息。这些信息无需经过把关，在鱼龙混杂、泥沙俱下的同时，也因其信息含量更大而受到青睐。这种自由的传播方式更符合受众接受特点，也必然打乱传统媒体舆论引导的步调，让舆论引导的技巧很难在自媒体环境下奏效。

原有舆论引导的规律在传统舆论环境下产生，其基本前提是，传统媒体控制信息量和话语权。一旦自媒体改变了信息传播的方式，也就直接改变了舆论引导的规律，这些原本被奉为信条的规律在自媒体不按牌理出牌

的嘈杂中，变得不适用。舆论引导不可能再有一个漫长的从酝酿、铺垫，到过渡、高潮的过程，舆论的发展变化变得短促与多元。如果意识不到这一点，就可能在舆论引导中乱了方寸。即便传统媒体制定出一个自认为周全的引导计划，自媒体传播的突如其来，也会让这个计划无法实现。

这就要求在舆论引导时，注意引导的速度和效率。传统媒体必须与自媒体争夺引导的时间和时机，必须主动压缩舆论引导过程和环节。当然，长远地看，传统媒体还要加强公信力建设，当传统媒体实在跟不上自媒体节奏时，公信力将是传统媒体进行舆论引导的最后利器。

舆论多元表达导致共识难产

舆论引导是为了达成共识。这个目标在之前的舆论环境中，比较容易达到。但是，在自媒体环境下，舆论共识的产生变得艰难。舆论的多元化存在，成为自媒体环境下舆论生态的一种必然和常态。

这是由社会背景决定的。社会舆论“折射出公众在一定时期对关系到切身利益的社会事件、社会问题的要求、态度、情绪等社会心理”。[1] 在社会更加开放和多元之后，不同群体、个人之间的利益摩擦在增多，人们的观点和诉求也越来越多样，舆论表达的多元化不可避免地出现。这是社会发展和舆论发展的必经阶段。同时，自媒体也不是官方媒体，无外部把关，自身也没那么理性，众声喧哗才是自媒体表达最常见的形式。

在这些多元的声音中，有正确的有错误的，有理性的有情绪化的，有成熟的有发泄性的……但是因为自媒体的使用，各种声音几乎在同一时间出现在舆论领域，并且每种声音背后，都有其支持的声音和对应的群体。

尽管，各种声音之间会有交锋，主流舆论也有自我净化的能力，但是众声喧哗之中，舆论引导的难度必然增加。甚至，嘈杂的舆论环境，让舆论引导根本无法沉静下来：在缺少理性把关的情形下，虚假信息与错误舆论可能占得先机。这是自媒体环境下，舆论引导必须正视的风险。

舆论引导的目的是实现共识。但是自媒体时代，最大的特征就是价值多元——在社会开放之后，各种各样的价值观占据人们的内心，过去媒体一呼百应的情形只能是一种过去时。这种多元表达，在提供更多观点和看法的同时，也让受众一时无所适从。在此背景下，传统媒体引导的优势有时可能成为一种劣势——因为自媒体的发达，因为信息的多元而开放，以及传统媒体公信力的降低，所谓的舆论引导有时反而会引起逆反效应。这为舆论引导增加了困难。如何达成真实的共识，让共识走进人们的内心，成为自媒体环境下舆论引导的关键。

此时，对于共识的理解应该拓宽：共识可以是人们用来判断的实事求是的态度和稳定的价值观，这种务实的态度和共同的价值观可以保证舆论的交锋不会变成“鸡同鸭讲”；共识还可以是对别人发言权利的尊重，观点可以存在差异，但是发言的权利应该得到保证和尊重。这是舆论领域言语交锋和观点辩论时，应该坚持的基本原则。

舆论引导主导者发生移位

舆论引导的技巧，在很大程度上体现为信息引导，报道主体通过对报道信息的时间、内容、篇幅、方式等方面的控制，可以有效地引导舆论。在原有舆论引导的模式下，舆论引导的主体是传统媒体。传统媒体可以通过新闻报道和新闻评论等形式，按照新闻报道和舆论引导的规律，对舆论进行有效引导。

在自媒体时代，舆论生成变得复杂，网络舆论的生成发酵机制基本遵循以下规律：传统媒体报道或网友爆料（微博异军突起）——网友讨论（新闻跟帖、论坛发帖等）——形成网络舆论压力（意见领袖作用突出）——媒体跟进呼应、挖掘新的事实（新老媒体互动）——有关部门应对——再掀波澜（假如应对不当）——再次应对——网友注意力转移——网络舆论消解（流行语、视频等娱乐化的尾巴长期流传）。[2]

在此过程中，舆论引导的主体变得模糊，传统媒体不再具有振臂一呼，应者云集的魔力。在自媒体时代，掌握信息的人几乎都可以成为信息的提供者和舆论的引导者，有太多便捷的方式为他们提供发言的平台和机会。

当信息量等同，信息传播稳定时，舆论引导力就取决于引导者的权威性和影响力。原本，传统媒体的公信力与权威性无法撼动，它们充当着社会中的知情者和智者；但是，在自媒体时代，粉丝超过传统媒体的大V比比皆是，他们的实际影响力有时远远超过一般媒体。他们在自媒体上获得了更强的公信力和权威性。

显然，在自媒体环境下，舆论引导的主导者正在移位——信息的爆料者和公共领域的意见领袖，越来越具有舆论引导的实际能力。即便一个信息是传统媒体率先提供的，一个观点是传统媒体着力宣传的，人们也想通过自媒体看看其他人怎么说。

此时，传统媒体要想在舆论引导中继续占据先机，就必须在信息提供与观点提供方面做出改进与努力，他们必须保证能够提供与其地位相符的有价值的信息和观点；或者，嫁接公共领域意见领袖的影响力，为他们提供平台和舞台，让他们成为传统媒体舆论引导的一部分。如果，传统媒体不再具有话语权和公信力，那么在舆论引导的位置上，新的取代者将产生。

各类主体相互监督成为常态

在传统舆论生态中，舆论监督在很大程度上等同于媒体监督，甚至可以说舆论监督是传统媒体的专利。因为，只有传统媒体才有报道和监督的权力。在此种格局下，被监督对象因为缺少话语权而被动，除非有媒体愿意为其提供平台，否则只剩下被监督的份。这种单向的舆论监督增加了舆论引导的可控性。对不符合舆论引导方向的内容进行监督，可以加速、促进舆论引导实现。

在自媒体环境中，监督者与被监督者的

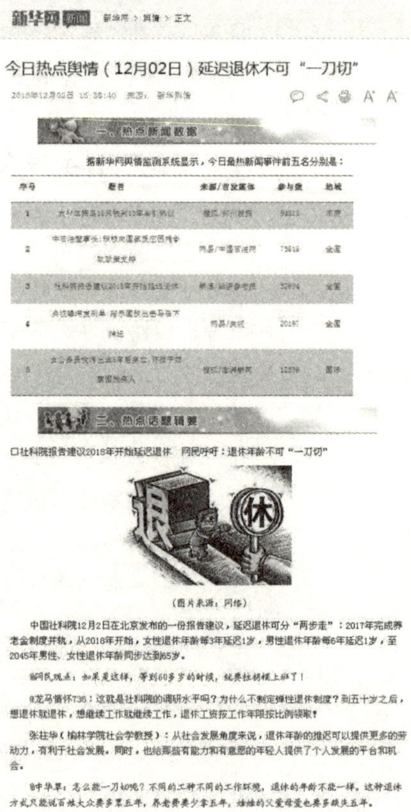
新华网 新闻　新华网 > 舆情 > 正文

今日热点舆情（12月02日）延迟退休不可“一刀切”

2013年12月02日 16:38:40　来源：新华舆情

一、热点新闻数据

据新华网舆情监测系统显示，今日最热新闻事件前五名分别是：

序号	题目	来源/首发媒体	参与数	地域
1	[illegible]	[illegible]	[illegible]	[illegible]
2	[illegible]	[illegible]	[illegible]	全国
3	[illegible]	[illegible]	[illegible]	全国
4	[illegible]	[illegible]	[illegible]	全国
5	[illegible]	[illegible]	[illegible]	[illegible]

二、热点话题辑要

□社科院报告建议2018年开始延迟退休　网民呼吁：退休年龄不可“一刀切”

（图片来源：网络）

中国社科院12月2日在北京发布的一份报告建议，延迟退休可分“两步走”：2017年完成养老金制度并轨，从2018年开始，女性退休年龄每3年延迟1岁，男性退休年龄每6年延迟1岁，至2045年男性、女性退休年龄同步达到65岁。

@网民观点：如果是这样，等到60多岁的时候，就要拄拐棍上班了！

@龙马情怀736：这就是社科院的调研水平吗？为什么不制定弹性退休制度？到五十岁之后，想退休就退休，想继续工作就继续工作，退休工资按工作年限按比例领取！

张壮华（榆林学院社会学教授）：从社会发展角度来说，退休年龄的推迟可以提供更多的劳动力，有利于社会发展。同时，也给那些有能力和有意愿的年轻人提供了个人发展的平台和机会。

@中华草：怎么能一刀切呢？不同的工种不同的工作环境，退休的年龄不能一样。这种退休方式只能说百姓大众要多累五年，养老费要少拿五年，娃娃的父爱母爱也要多缺失五年。

身份，其实是可以随时切换的。如果个人或群体的行为，被认为违反了规章规则、违背了公众期待，就会成为被监督者。而监督也并非媒体特权，媒体只不过是通过其报道权，将监督权更集中地体现而已。在自媒体时代，任何个人和群体都可以通过其掌握的媒介发出声音，他们的意见和建议本身就可能演变成为一种舆论监督。这种情况，在媒体的舆论监督过程越来越常见。即便被监督的是公权力机构，他们也可以通过自己的微博微信进行反驳和反监督。

可以预见，在未来的舆论生态中，相互监督才是一种常态：各类主体通过自身掌握的自媒体或传统媒体进行彼此监督。这无疑又增加了传统媒体舆论引导的难度。一方面，它们的舆论监督可能会遭到更有力的抵抗和反击，因为信息不再由它们一家掌握；另一方面，一旦监督过程中存在瑕疵，这种瑕疵就会在反监督中被放大，进而影响到传统媒体的公信力。

各类主体相互监督，这是一种必然，也是一种进步。没有监督，任何个人和群体都有沾沾自喜、忘记初衷，甚至是混淆是非、为非作歹的时候。只是，对于传统媒体而言，这种相互监督让其监督优势正在丧失，除非传统媒体能够做出更深刻更全面的监督。从这个角度看，相互监督对于舆论引导是一件好事，它在迫使舆论引导的主体更注重舆论监督的效果和舆论引导的规律。此时，媒体的公信力不是来自其身份，而是来自其深度的有力度的监督。

舆论引导频率加快影响弱化

在自媒体时代，舆论热点摩肩接踵、迎面而来，受众也习惯了接收更刺激的、更频繁的舆论话题。无论舆论引导者有着怎样完善的舆论引导计划，舆论引导的过程都可能或主动或被动地压缩，舆论引导的频率在加快。

甚至，一次舆论引导还未有效展开，新的舆论热点话题就会出现，想要引导的舆论被另外的舆论话题取代，或者舆论引导中又有新的信息披露，新的信息让之前的引导变得徒劳。这些自媒体环境下信息传播的特点，必然会导致、逼迫舆论引导过程变短、频率加快。

当舆论引导频率加快时，信息的呈现可能碎片化。一方面，因为信息有一个扩充的过程，在信息传播过程压缩后，信息的碎片化不可避免：或因为信息无法展开而有限，或因为信息被替换而淹没。人们所获知的信息，只是片面信息。舆论引导缺少一个走进人们内心的过程。另一方面，自媒体的信息传播本来就存在碎片化特征，一两个刺激公众的信息点就可能是全部的传播内容。这种碎片化的信息容易让受众浮躁情绪化，也让舆论引导变难，并难免让舆论引导影响弱化。于是，舆论引导的结果可能不是共识达成、知识传播，而是一次短暂的信息公开与局部的信息对称，或者仅仅是围绕某个信息的舆论狂欢。

这种弱化在自媒体时代，是一种不可逆转的趋势。信息的开放，多元的观念，让引导困难重重，很难再出现一言九鼎、舆论一律的现象。同时，这种弱化也在作出提醒，对舆论的表象和表现，以及舆论引导的效果必须作出理性而深刻的解读："作为社会的守望者，或者负有这方面责任的研究者，一定要为社会信号的解读提供正确的方法。不要被表面的舆情话语牵着鼻子走，不要用简单的逻辑进行肤浅的图解。"[3]

只有在深度解读舆情的基础上，才能正确把握舆情，才能准确地进行舆论引导。同时，舆论引导在被推动着进行的同时，应该坚持最基本的引导规律，不能急于求成，拿舆情的情绪化反应或局部反应自欺欺人，也不能行动迟缓，坐视舆论引导时机失去、舆论引导效果表层化。

结语

在信息更加开放的自媒体时代，舆论引导面临种种困难，这些因自媒体传播而带来的困难，成为了自媒体环境下舆论引导的新常态。总体而言，舆论引导的基本规律还在：舆论引导在一定程度上是信息对称；只有在实现信息对称的基础上，注重信息提供与公信力建设，以及价值观引导，才能实现舆论引导。只是，这样的普适规律需要在以上所提及的新常态面前作出针对性调整和回应，以符合自媒体传播时代的要求去完善和改进，才能让这个基本规律在实际引导中凑效。

（作者系中国传媒大学南广学院新闻传播学院副教授，时评专栏作家）

注释

1. 胡玲：《网络公共表达与"话语民主"》，《当代传播》2009 年 5 月。

2. 单学刚、郭晶：《网络舆情：自媒体的蝴蝶效应》，《网络传播》2011 年 8 月。

3. 喻国明：《舆情研判不能简单草率》，《中国青年报》2014 年 4 月 10 日。

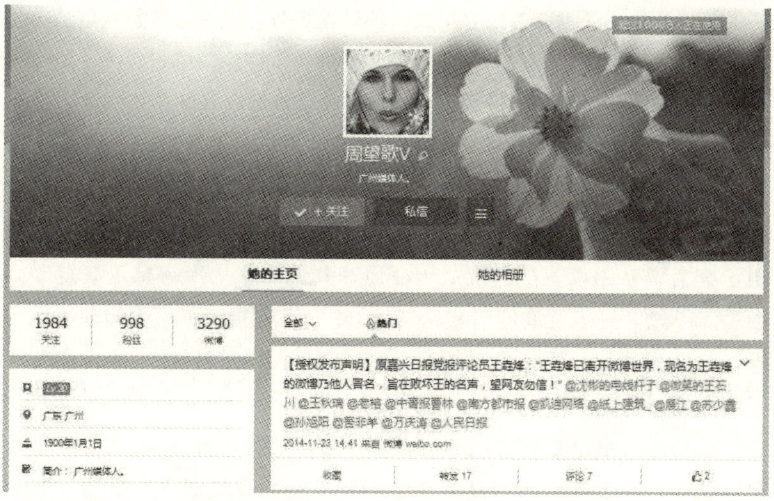

评论观点不能“饮鸩止渴”

□黄权旺

黄权旺

一

你是否还记得几则新闻：一是“贩卖儿童应判死刑”的图文消息刷爆微信朋友圈，声势浩大。尽管后来证实它是在为某家婚恋网站营销，但体现的网民心态无疑是真实的——那就是一旦捉到人贩子，必须判处死刑。最高院回应说，对于拐卖儿童，法律会从严处置，但狂躁的民意却要求以死相惩。二是深圳市血液中心在深圳市卫计委系统 15 个单位中，以平均年薪 35.7 万元夺冠，不过后来血站辟谣说新闻报道有误。这两起新闻都引起了社会广泛关注，同时也产生了某些负面的影响，比如新闻一出街，媒体评论剑指血站中心，于是乎深圳血液中心第二天的献血人数骤减，甚至影响到全市的手术用血。这说明了什么问题呢？说明了碎片化评论，或者媒体评论并不是时时刻刻都是理性的，评论者压根儿就没考虑到舆论可能造成的社会后果，言及舆论杀人，一点都不为过。

在这里，不讨论网友评论的片言只语，而是聚焦于新闻评论，也就是所谓的时评。时评是新闻行业中历史最悠久、影响最深远的文体，由于其言说自由度宽广、观点传播迅速和信息张力大等特点赢得受众喜爱。不过，进入互联网时代，“时评体”已经暴露出不少问题：比如思维方式模式化，写作方式模板化以及遣词造句刻板化，给人们留下了负面的印象。

然而，这都不是时评陷入困境最大的问题。我认为，最为人们所忽视的是，不少观点缺少从人类全局观方面的系统思考，也不从社会效益的角度来寻求价值利益最大公约数，更没有考虑到所表达的观点对人类文明的冲击。也就是说，评论所要诉说的道理可以说得通，只是不近人情，更与人类生存处境脱节，与人类文明所追求的崇高的“目的价值”（诸如自由、正义、秩序、和谐等）冲突，就像毒酒可以暂时解渴，但你不能“饮鸩止渴”。

二

美国著名哲学家杜威认为，哲学研究的根本目的是为人类的有效行动提供智慧，人类行动的根本难题是价值选择。对于新闻评论而言，面对具体的新闻事件时，同样面临价值选择的问题。什么才是最佳的观点言说？怎样才算是有价值的选择？杜威在《哲学的改造》中曾清晰指出他所认为的有价值的哲学选择：将自己的热情与精力集中于解决人类活动中那些最困难而又最重要的疑问，重新直面人类所感受的道德的和社会的大缺陷、大困苦。关怀社会的信念和社会的理想，阐明人生不幸的本质和原因，构建能够理解和校正社会弊病的观念和理想，以助成人类获得幸福的热望为己任。

为了达到上述目的，杜威强调现实可能性。他认为所谓的现实包含着各种已有的条件；所谓的可能是指一种现在尚不存在但可以因现实条件的应用而使其存在的目的和结果……现实和理想的关系就成为现实与可能的关系。同样的道理，人们在选择言说的观点，必须在新闻事实的基础上做出合乎现实性和可能性的价值选择，然后进行评论分析，而不是想到什么便说什么，认为怎么样就怎么样，觉得应该如何就如何。完全不考虑到具体新闻事件中，所面对的是否有利于人类提升文明、修补社会缺陷、助力社会良性进步的价值判断。

3年前，我曾经写过一篇评论《交警破窗强测醉驾是暴力执法》，反对这种暴力执法，“怀疑司机是醉驾，为了强测醉驾，交警可以不择手段执法（包括砸窗）。窃以为，砸窗这种野蛮的执法方式其实与文明执法相去甚远，更无执法底线可言。”

谁料到有媒体摘取了我文章的观点并加以点评，强调“在执法过程中，遇到既不接受检查也不听取劝告的情况，完全可以按《行政强制法》所规定的采取‘其他行政强制措施’办理”，从而得出了“不配合检查，交警就可以破窗”的结论。无论怎么样，我是完全不赞同这样的观点的。虽然醉驾有安全隐患，人人痛恨，但是这篇评论并没有对警方的执法方式提出质疑，评论中并没有体现到应有的“修补社会缺陷”（消除警方执法瑕疵）方面的努力，更未能从提升社会文明和寻求社会利益最大公约数的角度来延伸讨论——汽车是个人财产，保护合法的私有财产是写入宪法和物权法的，宪法是上位法，查醉驾的管理规章是下位法，岂能上位法服从下位法？

三

类似这样狭隘的价值判断，在新闻评论中还有不少。曾经，围绕“是否应该和跳桥者算经济账”这个话题，广州媒体展开了热议。有媒体的评论曾指出：“男子爬桥78小时，给广州市民造成的时间成本损失或高达14万元。”计算过程中参考了该年份南方人才市场发布的“广州市平均月薪为6830元”的数据，得出“每小时人力成本约为9.3元”。

有反驳者一针见血地指出，“说到底，计算跳桥的成本，看似是经济账，实则还是绕不过价值判断问题”，因为算账之初就是有些人在价值判断上认为跳桥事件“浪费多少钱财、物力、人力”，是“个人利益绑架公共利益”“影响了正常生活和公共秩序”。“可问题是，救人是一种‘浪费’吗？”没有谁能外于社会而存在，而他人的个人利益从根本上来讲，本也是公共利益的一部分——也就是说，任何话题的评论，归根到底是价值判断的较量，在新闻事实的基础上，价值观念中的可能性（“各方利益最大化”）与目的性（“助力社会良性进步”）相统一，这才是评论中最好的价值判断。而罔顾评论中积极、向善的价值目标，只强调理性逻辑的成立，纯属是冰冷的思维游戏，那么，评论的价值便大打折扣。

此外，在新闻评论中，很多话题都是值得玩味的。比如，为什么“散布谣言”不能轻易入罪、为什么刑事追责有法定年龄界限等，观点褒贬不一，甚至相互打架。不过，仔细思考一下，很多评论观点争论不休，好像没有一个最终的结论。如果从价值判断的角度来看，再将议题放在社会效益最广泛、人类文明的可能性与目的性相统一等角度来辩论，所有的观点水准几乎都可以较量出高低。

从某种意义来说，评论可以自由表达，我手写我心。但是，真正有价值的评论，它最有可能的功能就是探索如何提高人类的文明水准以及生存舒适度——至少提供这种可能性。用狭隘的价值判断来分析客观事实，最终推出脱离人类文明的价值思想的结论——这是不可取的。评论观点不能“饮鸩止渴”。我们在撰写评论中，应该首先从价值冲突的平衡原则进行考量，然后尽可能避开评论的暗礁，让最优质的价值判断引导舆论畅行。

（作者系凯迪网络评论编辑）

“语太多而无领要” VS “语简事备”

□潮白

潮白

不知道从什么时候起，讲官话成了一股坏风气。

界定一下，这里的官话，是指官员讲的正确的废话。至少 70 多年前，毛泽东在 1942 年延安干部会上讲演《反对党八股》，就厌恶这种现象了。他说：“党八股在我们党内已经有了一个长久的历史；特别是在土地革命时期，有时竟闹得很严重。”可见这个历史还要前溯。他所说的党八股，就是今天人们厌恶至极的官话。毛泽东“以毒攻毒”，给党八股列了“八大罪状”：空话连篇，言之无物；装腔作势，借以吓人；无的放矢，不看对象；语言无味，像个瘪三；甲乙丙丁，开中药铺；不负责人，到处害人；流毒全党，妨害革命；传播出去，祸国殃民。对照来看，哪一条不是今日官话的活写真？

从前也有官话。明初的茹太素因为陈时务，被太祖朱元璋当廷打过屁股。一方面，当有茹太素抨击朝廷用人不当的因素——他认为“才能之士，数年来幸存者百无一二，今所任率迂儒俗吏”，或许老朱恼了；另一方面，可能就是他的官话太多，洋洋万余言，朱元璋令人“诵而听之”，听了两天，才听出“可行者四事”。朱皇上认为“文词太多，便至荧听”，什么都不咸不淡地扯几句，就让人弄不清楚究竟要表达什么了。他觉得“太素所陈，五百余言可尽耳”。五百字能说清的问题，硬是侃出万余，难怪老朱真发脾气了。打了人，朱元璋令中书“定奏对式”，以确保“陈得失者无繁文”，废话少说，但不知朱元璋自身做起报告如何。隋末，与李渊父子同时中原逐鹿的王世充，可称讲官话的代表人物。

王世充口才极佳，“众知其不可而莫能屈”，明知他的方针政策行不通但是说不过他，还要照他的办。这本身已不是什么好事，况且王世充往往说不到点子上，变成了啰唆，所谓“言词重复，千端万绪”，结果不仅使“侍卫之人不胜疲倦”，而且使“百司奏事，疲于听受”。御史大夫苏良实在忍不住了，很不客气地说：“陛下语太多而无领要，计云尔即可，何烦许辞也！”“语太多而无领要”，正是今日官话的活写真。

文学界早就有人提出“语简事备”的文风。北宋钱惟演镇守洛阳之时，“所辟僚属尽一时俊彦”，有谢绛、尹洙、欧阳修、梅尧臣等等，在文学上都极有造诣。钱惟演“于书无所不读”，名气与当时“文章擅天下”的杨亿杨文公比肩，“尤喜奖励后进”。钱上任时，鉴于洛阳“驿馆常阙”，乃动工修建了一座，落成时命谢、尹、欧阳各作一记，约定三天之后在“水榭小饮”，届时三人交卷。到了那天，三人先把各自的文字拿出来私下比较了一下，发现谢绛的500字，欧阳修的稍稍多出，尹洙的最少：“三百八十余字而成，语简事备，复典重有法。”字数少不说，文章也写得典雅庄重。尹洙很得意，说你们二位文章的格调没得说，只是有个小小的不足：“字冗尔。”欧阳修本来就不大服气，听了这话，在“通宵讲摩”之余，“奋然”别作一篇，硬是比尹洙还少用了20个字，且“尤完粹有法”。尹洙佩服地对人赞叹：“欧九真一日千里也。”此种“语简事备”貌似有些游戏文字的味道，其实不然。如果此种意识已经丧失的话，那么能力就可能被慢慢地

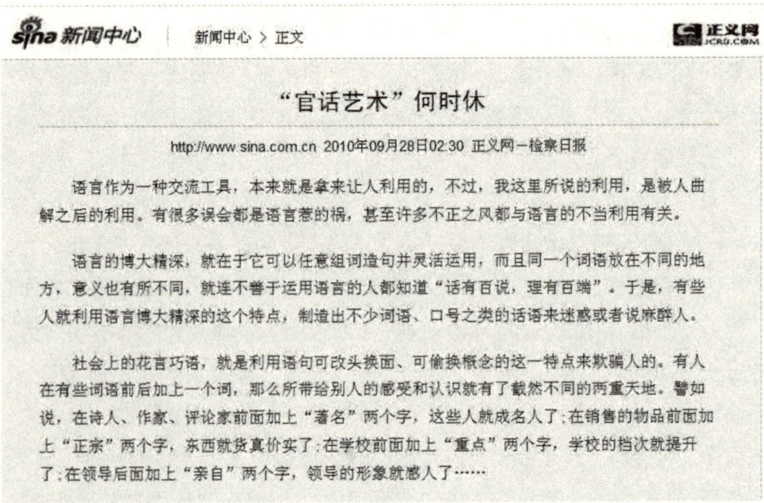
sina新闻中心 | 新闻中心 > 正文 正义网 JCRB.COM

“官话艺术”何时休

http://www.sina.com.cn 2010年09月28日02:30 正义网一检察日报

语言作为一种交流工具，本来就是拿来让人利用的，不过，我这里所说的利用，是被人曲解之后的利用。有很多误会都是语言惹的祸，甚至许多不正之风都与语言的不当利用有关。

语言的博大精深，就在于它可以任意组词造句并灵活运用，而且同一个词语放在不同的地方，意义也有所不同，就连不善于运用语言的人都知道“话有百说，理有百端”。于是，有些人就利用语言博大精深的这个特点，制造出不少词语、口号之类的话语来迷惑或者说麻醉人。

社会上的花言巧语，就是利用语句可改头换面、可偷换概念的这一特点来欺骗人的。有人在有些词语前后加上一个词，那么所带给别人的感受和认识就有了截然不同的两重天地。譬如说，在诗人、作家、评论家前面加上“著名”两个字，这些人就成名人了；在销售的物品前面加上“正宗”两个字，东西就货真价实了；在学校前面加上“重点”两个字，学校的档次就提升了；在领导后面加上“亲自”两个字，领导的形象就感人了……

泯灭，形成凡事长篇累牍的惯性思维。事实上，欧阳修把他的这种能力也应用到了具体工作中，他撰写的《新五代史》，“法严词约”，为后世留下了一部颇具价值的史书。苏轼评价道：“论大道似韩愈，论事似陆贽，记事似司马迁，诗赋似李白。”这就是提倡“语简事备”的莫大成效了。

由是可见，“语简事备”不是说文章长不得，而是强调不要说废话。倘若唯字数论，也容易陷于偏颇。晋朝的张辅认为班固不及司马迁，首要的理由就是司马迁《史记》写了3000多年的历史，用50万字，而班固《汉书》不过才200年的事情，就用了80万字。这样算账，实际上很没文化。《史记》是我国第一部通史，《汉书》是第一部断代史，就学术地位而言，二者不相上下。南朝史学家范晔评论，二人都有良史之才，只是各有所长，“迁文直而事核，固文赡而事详”。唐代史学家刘知几认为“史有六家”，其中《史记》和《汉书》就各占一家，所以唐以后，《史》《汉》或班马仍然并称。清代学者齐召南说得更直截了当：“固才似若不及迁者，然其整齐一代之书，文赡事详，与迁书异曲同工，要非后世史官所能及。”事实正是如此。《汉书》比较全面地提供了西汉政治、经济、文化各个方面的基本情况，其史料价值在《二十四史》中被评为第一。因此，一味地以字数界定文章的高低，要贻笑大方。

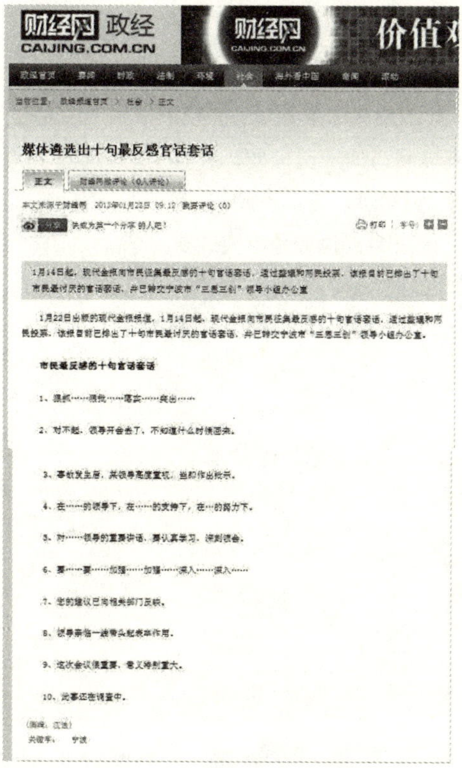
财经网 政经
CAIJING.COM.CN

媒体遴选出十句最反感官话套话

本文来源于财经网 2013年01月22日 09:12

1月14日起，现代金报向市民征集最反感的十句官话套话，通过整理和网民投票，该报目前已梓出了十句市民最讨厌的官话套话，并已转交宁波市“三思三创”领导小组办公室

1月22日出版的现代金报报道，1月14日起，现代金报向市民征集最反感的十句官话套话，通过整理和网民投票，该报目前已梓出了十句市民最讨厌的官话套话，并已转交宁波市“三思三创”领导小组办公室。

市民最反感的十句官话套话

1、狠抓……狠批……落实……突出……

2、对不起，领导开会去了，不知道什么时候回来。

3、事故发生后，某领导高度重视，当即作出批示。

4、在……的领导下，在……的支持下，在…的努力下。

5、对……领导的重要讲话，要认真学习，深刻领会。

6、要……要……加强……加强……深入……深入……

7、您的建议已向相关部门反映。

8、领导亲临一线带头起表率作用。

9、这次会议很重要，意义特别重大。

10、此事还在调查中。

官话能不能做到“语简事备”？应该能。可是如今，台上的人说官话，台下的人听官话，成了自然而然，环顾人们的态度，对这种讲话的方式好像也都觉得没什么不妥。于是不免给人以错觉：开会就是要讲官话。这几年有不少地方整顿会风，对开会时睡觉的干部甚至作出免职的处理，其实有必要调查一下或者甄别一下，如果他就是没心没肺，什么时候都瞌睡虫缠身，免他就得其所哉；如果是由官话导致的打呼噜乃至流口水，就不妨给人家“平反”，因为有这种经历的人都知道，定力稍差点儿的大概都受不了。

专业的媒体人应该对官话有较强的辨识力，除非有特别的原因和目的，否则是不愿成为官话传声筒的。

中国共产党在长期实践中形成和坚持了实事求是的思想路线，它是党成功的秘密和永葆生机活力的法宝。真正的共产党人是羞于说官话的。中央八项规定明确要求精简会议活动，切实改进会风，提高会议实效，开短会、讲短话，力戒空话、套话。同时，要求精简文件简报，切实改进文风，没有实质内容、可发可不发的文件、简报一律不发。对于改进新闻报道，八项规定明确：中央政治局同志出席会议和活动应根据工作需要、新闻价值、社会效果决定是否报道，进一步压缩报道的数量、字数、时长。十八大以来，中央媒体在改进会议和领导活动的报道方面，成效是看得见的。但是，打开一些地市报纸和电视台，仍然满是官员活动和“重要讲话”。对此，我们的新闻同行也显得无奈：改进会议报道是中央的要求，然而谁清楚当地领导是否真的就认同精简和压缩呢？如果你的“精简报道”不能体现地方党政意图、不能起到指导工作的作用，这责任你媒体和记者担当得起吗？也是。

（作者系资深媒体人）